河北省西部贫困山区
科技引领现代农业产业发展研究及推广应用
——以阜平县为例

◎ 许皓月 尚丹 蔡宁 著

中国农业科学技术出版社

图书在版编目（CIP）数据

河北省西部贫困山区科技引领现代农业产业发展研究及推广应用：以阜平县为例／许皓月，尚丹，蔡宁著．--北京：中国农业科学技术出版社，2021.8

ISBN 978-7-5116-5417-5

Ⅰ.①河…　Ⅱ.①许…②尚…③蔡…　Ⅲ.①山区-农业经济-产业发展-研究-阜平县　Ⅳ.①F327.224

中国版本图书馆 CIP 数据核字（2021）第 144859 号

责任编辑	穆玉红
责任校对	贾海霞
责任印制	姜义伟　王思文

出 版 者	中国农业科学技术出版社 北京市中关村南大街 12 号　邮编：100081
电　　话	（010）82105169(编辑室)　　（010）82109702(发行部) （010）82109709(读者服务部)
传　　真	（010）82109707
网　　址	http://www.castp.cn
经 销 者	各地新华书店
印 刷 者	北京建宏印刷有限公司
开　　本	170 mm×240 mm　1/16
印　　张	6.25
字　　数	130 千字
版　　次	2021 年 8 月第 1 版　2021 年 8 月第 1 次印刷
定　　价	39.00 元

版权所有·翻印必究

《河北省西部贫困山区科技引领现代农业产业发展研究及推广应用：以阜平县为例》著作委员会

主　著：

许皓月	河北省农林科学院农业信息与经济研究所，副研究员，咨询工程师
尚　丹	河北省农林科学院农业信息与经济研究所，助理研究员，博士
蔡　宁	河北省农林科学院农业信息与经济研究所，助理研究员，硕士

副主著：

牛细婷	河北省农林科学院农业信息与经济研究所，副所长，研究员
王　莹	河北省农林科学院农业信息与经济研究所，硕士
张利娜	河北省农林科学院农业信息与经济研究所，硕士

目　录

绪　篇 …………………………………………………………………… (1)
　（一）提升农业产业是山区脱贫的根本路径 ………………………… (1)
　（二）做好规划是发展农业产业的切入点 …………………………… (2)
　（三）科学技术是产业转型升级的助推器 …………………………… (2)
　（四）依靠科技培养人才是发展现代农业的保障 …………………… (2)

一、阜平县基本情况 …………………………………………………… (4)
　（一）区位及交通 ……………………………………………………… (5)
　（二）自然资源 ………………………………………………………… (6)
　（三）社会条件 ………………………………………………………… (10)
　（四）代表性及意义 …………………………………………………… (12)

二、阜平县所辖乡镇产业发展概况 …………………………………… (13)
　（一）阜平镇产业发展现状及产业布局 ……………………………… (13)
　（二）平阳镇产业发展现状及产业布局 ……………………………… (15)
　（三）城南庄镇产业发展现状及产业布局 …………………………… (16)
　（四）龙泉关镇产业发展现状及产业布局 …………………………… (18)

（五）天生桥镇产业发展现状及产业布局 …………………………（19）

（六）王林口镇产业发展现状及产业布局 …………………………（21）

（七）北果园乡产业发展现状及产业布局 …………………………（22）

（八）台峪乡产业发展现状及产业布局 ……………………………（23）

（九）史家寨乡产业发展现状及产业布局 …………………………（24）

（十）吴王口乡产业发展现状及产业布局 …………………………（25）

（十一）大台乡产业发展现状及产业布局 …………………………（26）

（十二）夏庄乡产业发展现状及产业布局 …………………………（27）

（十三）砂窝乡产业发展现状及产业布局 …………………………（28）

三、西部贫困山区（阜平县）农业农村产业发展现状分析 …………（31）

（一）食用菌产业 ……………………………………………………（31）

（二）林果产业 ………………………………………………………（31）

（三）养殖产业 ………………………………………………………（33）

（四）中药材产业 ……………………………………………………（33）

（五）旅游业 …………………………………………………………（34）

（六）家庭手工业 ……………………………………………………（35）

（七）电商产业 ………………………………………………………（35）

（八）光伏产业 ………………………………………………………（36）

四、西部贫困山区（阜平县）现代农业产业发展条件及需求分析 …（37）

（一）有利条件分析 …………………………………………………（37）

（二）制约因素分析 …………………………………………………（38）

（三）面临挑战分析 …………………………………………………（38）

（四）产业发展主攻方向 ……………………………………………（39）

五、西部贫困山区（阜平县）现代农业产业发展战略布局分析 …………（40）
（一）科技引领产业发展策略 ………………………………………（40）
（二）现代农业产业发展目标及布局 ………………………………（43）

六、西部贫困山区（阜平县）现代农业重点产业发展分析 …………（45）
（一）高效食用菌产业 ………………………………………………（45）
（二）道地中药材产业 ………………………………………………（47）
（三）山场综合开发特色林果业 ……………………………………（49）
（四）西部山区特色畜牧业 …………………………………………（51）
（五）西部山区创意休闲农业 ………………………………………（56）

七、科技引领贫困山区现代农业产业发展的政策保障体系 …………（61）
（一）土地支持政策 …………………………………………………（61）
（二）金融支持政策 …………………………………………………（62）
（三）农业保险政策 …………………………………………………（64）
（四）税收优惠政策 …………………………………………………（65）
（五）人才支持政策 …………………………………………………（65）

八、科技引领贫困山区现代农业产业发展的对策建议 ………………（67）
（一）科学制定规划，培育发展适地产业 …………………………（67）
（二）优化产业结构，持续提升科技水平 …………………………（67）
（三）提升人力素质，增强创新发展力量 …………………………（68）
（四）整合资源优势，建立科技服务体系 …………………………（69）
（五）加强品牌建设，提高产品安全保障 …………………………（69）

九、推广与应用 …… (70)
 (一) 科学谋定产业发展主攻方向 …… (70)
 (二) 科技引领产业转型升级 …… (73)
 (三) 取得的显著实效 …… (77)

十、附录 我国扶贫领域的四次变革及贫困识别方向 …… (80)
 (一) 1978—1985 年救济式扶贫 …… (80)
 (二) 1986—2000 年开发式扶贫 …… (81)
 (三) 2001—2010 年参与式扶贫 …… (82)
 (四) 2011 年至今精准式扶贫 …… (82)

参考文献 …… (84)

表目录

表1 阜平县大沙河水系五大支流水系 …………………………………… (7)

表2 阜平县所辖13个乡镇贫困现状 ……………………………………… (10)

表3 阜平县阜平镇所辖村域农业主导产业 ……………………………… (14)

表4 阜平县阜平镇产业发展集中村域及村域主导产业发展品类 ……… (14)

表5 阜平县平阳镇所辖村域农业主导产业 ……………………………… (16)

表6 阜平县城南庄镇所辖村域农业主导产业 …………………………… (17)

表7 阜平县城南庄镇产业发展集中村域及村域主导产业发展品类 …… (17)

表8 阜平县龙泉关镇所辖村域农业主导产业 …………………………… (19)

表9 阜平县龙泉关镇产业发展集中村域及村域主导产业发展品类 …… (19)

表10 阜平县天生桥镇所辖村域农业主导产业 …………………………… (20)

表11 天生桥镇产业发展集中村域及村域主导产业发展品类 …………… (21)

表12 阜平县王林口镇所辖村域农业主导产业 …………………………… (22)

表13 阜平县北果园乡所辖村域农业主导产业 …………………………… (23)

表14 阜平县台峪乡所辖村域农业主导产业 ……………………………… (24)

表15 阜平县史家寨乡所辖村域农业主导产业 …………………………… (25)

表16 阜平县吴王口乡所辖村域农业主导产业 …………………………… (26)

表17 阜平县吴王口乡产业发展集中村域及村域主导产业发展品类 …… (26)

表 18	阜平县大台乡所辖村域农业主导产业	(27)
表 19	阜平县夏庄乡所辖村域农业主导产业	(28)
表 20	阜平县砂窝乡所辖村域农业主导产业	(29)
表 21	阜平县砂窝乡产业发展集中村域及村域主导产业发展品类	(30)
表 22	阜平县林果产业位置分布	(32)
表 23	阜平县中药材产业位置分布	(33)
表 24	阜平县家庭手工业分布	(35)
表 25	食用菌生产片区现状	(46)
表 26	全县养殖产业布局	(54)
表 27	五大类型旅游服务村涉及区域及建设措施	(59)

图目录

图 1　阜平县大沙河水系五大支流水系 …………………………………（8）

图 2　阜平县 8 个食用菌片区投资产值 …………………………………（46）

图 3　阜平县 8 个食用菌片区辐射农户 …………………………………（47）

绪　　篇

河北省西部山区是河北省集中连片贫困地区，研究和探讨促进该区域农业产业转型升级、实现脱贫致富的对策，对全省农业发展具有重要意义。阜平县走出了一条依靠科学技术发展农业产业、实现增产增收、进而脱贫致富的新路。本项研究通过对阜平县 209 个村实施了"到地块、进农户"的全域调研，在遵循了自然法则、人文法则等的基础上，提出了"规划切入、科技引领、人才支撑"的发展理念，科学确定当地农业主导产业，因地制宜，精准打造农业产业，在一定程度上取得了较好的成果，脱贫效果明显，具有较大影响力，因此，总结阜平经验，并在河北省西部山区的适宜地区推广应用，对整个河北省西部山区产业增强发展动力、农民增加经济收入有一定的借鉴意义。

（一）提升农业产业是山区脱贫的根本路径

河北省西部山区耕地贫瘠，社会经济状况滞后，发展动力不足，是河北省扶贫攻坚的主要区域。"事必有法，然后可成。"发展是甩掉贫困帽子的根本办法，依靠科技引领农业产业发展，增加农业产业效益，实现农民增收，就是产业健康发展、保障稳定脱贫、做到持久致富的"法"。

（二）做好规划是发展农业产业的切入点

科技引领，规划先行。产业发展不可随意而行，必须组织专家，认真调研，制定农业产业发展规划。根据气候条件、资源禀赋和当地社会经济发展水平，科学确定当地农业主导产业，因地制宜，精准打造农业产业。

（三）科学技术是产业转型升级的助推器

农业产业转型升级的象征是一二三产业的融合。壮大一产，引进农业新技术、新品种和新成果；扩张二产，发展农产品加工包装，延长农业产业链条；放眼三产，拓宽销售渠道，发展农产品电子商务，实现品牌化销售。三次产业各个环节，都注入强有力的科技元素，加速产业融合发展，激发产业活力。

（四）依靠科技培养人才是发展现代农业的保障

山区农村劳动者的科技文化素质决定着产业发展的成败。与科研院所建立广泛联系，在引进先进实用的新技术、新成果并示范推广的过程中，培养新型职业农民，让现代农业技术在山区精准实施，积蓄科技力量，促进现代农业发展。

本书立足西部山区实际，以河北省保定市阜平县为视角，在县域、村域产业发展中引入科技支撑要素。在产业发展研究中，通过每村（209个村）到每镇（13个乡镇）的翔实数据，侧重产业的适生性、适配性、效益性等角度，从空间布局、产业分布两个维度系统探索了科技引领农村产业发展的途径，描绘出了产业发展路径图：依靠科技，以规模化、产业化为发展方向，提升产品知名度和市场份额，带动区域特色经济发展；科学谋定产业，综合应用现代农业技术，培育新业态，多角度实现农民增收。

同时，本研究进一步明确了区域特性在科技引领中的重要作用，系统分析了科技引领与产业发展的关系，并明确提出了科技引领对特定区域产业发展的支撑作用，以期实现农民增收、农业增效，为同类型区域产业引领推广示范奠定理论基础。

一、西部贫困山区阜平县基本情况

阜平县位于保定市西部，总面积 2 496 平方千米，辖 6 镇 7 乡，209 个行政村，1 208 个自然村，人口 23.04 万。整体县情可以概括为以下三个特点。

一是太行深山区。阜平为全山区县，山场面积 326 万亩（1 亩≈666.7 平方米，全书同），占总面积的 87%，耕地面积仅 21.9 万亩，人均 0.96 亩，俗称"九山半水半分田"。全县生态环境良好，森林覆盖率 47.71%，植被覆盖率 80.8%，是保定市"最绿"的地方。水资源总量 4.2 亿立方米，人均占有量是河北省的 8.3 倍，是全国的 4 倍。

二是革命老区。阜平在 1925 年就成立了中共党组织。1948 年 4 月，毛主席率领中共中央机关移驻阜平，在城南庄主持召开书记处扩大会议，发布了"五一口号"。抗日战争和解放战争时期，阜平县一直是晋察冀边区党政军首脑机关所在地。抗战时期，阜平人口不足 9 万，却养活了 9 万多人的部队和工作人员，全县 2 万多人参军参战，5 000 余人光荣牺牲，为民族独立、人民解放和新中国建立做出了巨大贡献。

三是贫困地区。阜平自"八七"扶贫攻坚以来就是国家级贫困县。贫困范围广，全县 209 个行政村中有 164 个贫困村，占 78.5%；2014 年初建档立卡贫困人口 10.81 万人，占总人口的 46.9%，贫困发生率 54.4%，基础设施建设、公共服务水平等方面相对滞后，特别是县域缺乏产业支撑，成为破解阜平贫困的瓶颈。

2012年12月29—30日，习近平总书记到阜平考察扶贫开发工作，对贫困地区全面建成小康社会作出了"宜农则农、宜林则林、宜牧则牧、宜开发生态旅游则搞生态旅游"的重要指示。牢记总书记嘱托，河北省委省政府为落实习总书记的重要指示精神和国家片区扶贫发展战略，大力推进阜平扶贫开发工作，提出"确保5年稳定脱贫、8年全面建成小康社会"的阜平经济社会发展目标，阜平县委县政府明确扶贫与"三农"工作相结合，将阜平建成京津冀地区重要的绿色农副产品生产供应基地，大力支持科技扶贫示范建设，全县食用菌、林果业、中药材种植等扶贫产业迅猛发展，贫困发生率大幅下降，农民人均纯收入从3 262元增长到6 542元。

（一）区位及交通

阜平县地处于燕山—太行山连片特困地区南部，位于河北省保定市西部，地理坐标为北纬38°09′~39°07′，东经113°45′~114°31′。地处太行山中北段东麓，大清河水系沙河上游，两省四市九县交汇处，东与曲阳、唐县交界，东北与涞源县为邻，西与山西省五台县相接，西北与山西省繁峙县接壤，南与行唐县、灵寿县、平山县毗连，北与山西省灵丘县交接。北距北京300千米，南距省会石家庄120千米，东距保定市106千米，西距佛教圣地五台山48千米，被誉为"冀晋咽喉""畿西屏障"。阜平县对外交通发达，保阜高速（S52），西阜高速，国道207，省道203、382纵横穿越并在县城交汇，形成以县城为中心，辐射全县的陆路交通网络。县域内部道路交通良好，是保定市山区二级路通车里程最长的县，实现乡乡通油路、村村通公路。

（二）自然资源

1. 气候状况

阜平县气候属暖温带半湿润半干旱大陆性季风气候，四季分明。全县气候特点：冬季漫长而严寒，春季干旱而多风，夏季炎热而多雨，秋季凉爽而干燥。阜平县年平均气温为12.6℃，最热月为7月，月平均气温26.0℃；最冷月为1月，月平均气温-3.4℃。历年极端最高气温为41.7℃（2009年6月24日），历年极端最低气温为-19.0℃（1998年1月19日）。阜平镇、平阳镇一带为明显的高温中心，年平均气温在12.4~12.7℃；全县多年平均降水量582毫米，东南部的平阳镇为相对的少雨中心，年降水量为579毫米，降水不均，多集中于6—9月。年平均风速1.9米/秒，以春季平均风速最大，8月最小，全年以西北风为主。年平均日照25 446小时，日照率56%，属北方长日照区，适宜各类作物生长。全年无霜期140~190天，年平均相对湿度54%。

2. 地形及土壤状况

阜平县为土石山区，地形极为复杂。境内山峦绵亘，沟壑纵横。地势由西北向东南降低，境内地貌按其成因和形态特点可分为三大类：一类是剥蚀构造断块高中山区，为石山区，海拔高程800~1 500米，盛产林木山珍，耕地甚少；二类是蚀水冲刷地貌类型，河谷两岸，形成多级阶地，梯田层层，适宜发展种植业；三类是积陷盆地地貌类型，这些地区四周环山，土壤肥沃，地势平坦，河水灌溉，主产粮油，人口密集，是最好的耕作区。

由于各地地形、气候以及植被状况的差异，阜平县形成了山地土壤的垂直分布，海拔2 000米以上山地为亚高山草甸土，海拔800米以上的为棕壤，800米以下植被较好的山地为典型褐土；植被差、盖度低的东南部（平阳镇）浅山丘陵山地则主要是褐土性土壤和粗骨性褐土。

3. 水资源条件

阜平县有6条河流，即大沙河、北流河、鹞子河、板峪河、平阳河、胭脂河。其中，大沙河从山西省繁峙、灵邱两县入境，自西北向东南流经吴王口至王林口等6个乡镇汇入王快水库，全长866千米，是阜平县的主要河流。

阜平县水资源总量为4.89亿立方米，人均水资源占有量达2 534立方米，是全省人均水资源量的8.3倍。阜平县总储水量约10.9亿立方米，其中，地上水10.8亿立方米，占99%；地下水0.1亿立方米，占1%。大沙河及5个支流，有一个大型水库（王快水库，总库容13.89亿立方米）；小型水库11座，控制流域面积124.95平方千米，总库容591.5万立方米，其中兴利库容316.7万立方米。阜平县水能蕴藏量7.149万千瓦（理论值），有小型水电站6座。阜平县有长度5千米以上的渠道49条，小型渠道4 104条（全长2 302.5千米）。但是，总引水能力5.7立方米/秒，设计灌溉面积36 343亩，实灌面积不足15 666亩，年实际引水灌溉量661.7万立方米，仅占水资源量的1.3%。降水多以地表径流形式流失，地下水难以补充。平阳镇主要河流为平阳河，发源于台峪乡白石台村，在北庄与支流东板峪河汇合，常年有基流，最终流入王快水库（表1，图1）。

表1 阜平县大沙河水系五大支流水系

支流水系	起始地	河道长度（km）	河宽（m）	滩地宽度（m）
北流河	龙泉关镇至大沙河汇入口	36.40	30~50	50~200
鹞子河	段庄村至大沙河汇入口	31.46	40~50	50~200
板峪河	大台村至大沙河汇入口	24.74	50	50~200
平阳河	台峪村至王快水库汇入口	23.53	70	500~800

（续表）

支流水系	起始地	河道长度（km）	河宽（m）	滩地宽度（m）
胭脂河	下庄乡至王快水库汇入口	46.00	50	200~600

数据来源：中水北方勘测设计研究院调研数据。

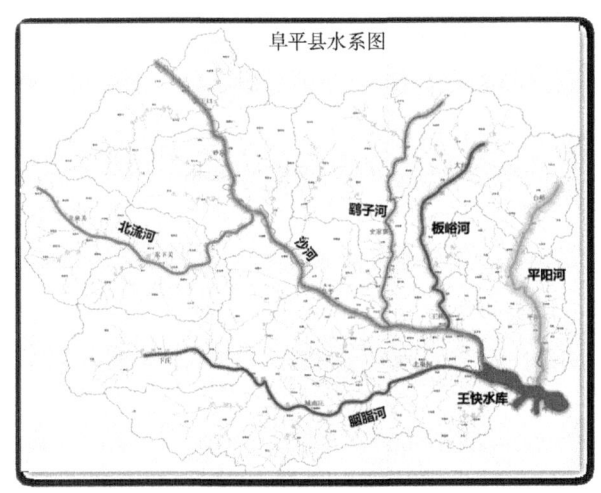

图1　阜平县大沙河水系五大支流水系

4. 生态环境条件

阜平县生态环境优美，动植物资源丰富，森林覆盖率达47.71%，植被覆盖率达80.8%，均居保定市第一，是太行山系"最绿的地区"。境内王快水库肩负着北京、保定等城市供水和白洋淀湿地补水的重任，是京津冀地区重要的水源保护区和涵养区，水质条件优良。保阜公路平阳东大桥南部区域属王快水库水资源二级保护区，其生态环境保护严格。

5. 旅游资源

阜平县是一个集自然景观、历史人文、红色革命圣地和地热温泉于一体的旅游资源大县。

阜平源起夏朝,历史悠久,具有"冀晋咽喉要道"和"佛道古源"的特点。近代是孕育革命的红色圣地。1925 年建立共产党组织,1931 年建立红色政权,抗日战争时期是晋察冀边区党政军机关所在地。革命战争时期,"九万人小县、两万人参军参战、五千人壮烈牺牲"的革命义举彪炳千秋。1948 年,毛主席率中央机关自陕北转驻河北(首夜西下关,再住城南庄,后到西柏坡)。有"华北延安、新中国雏形"等美誉,城南庄革命纪念馆现为国家 4A 级景区。

阜平生态环境优美,浓缩了太行山中北段自然风光,被称为"太行山深处的香格里拉""京津西花园,五台东大门"。天生桥(天生桥镇)、神仙山(大台乡,又称大茂山)、仙人山(罗家庄村)、云花溪谷(夏庄乡)、银河山(吴王口乡)、千峰山(龙泉关镇)等景区峡谷幽深,山高壑翠,清爽宜人,是都市休闲避暑的理想之所。还有石佛堂(八大名窟之一)、仙人寺("先朝仙人寺,后朝五台山")、"万里长城龙泉关""古御道"等景点。城南庄和吴王口的温泉品质优良。

按照国家和河北省旅游发展规划,阜平是国家认定的全域旅游县,也是旅游扶贫重点县。2016 年春,国家旅游局发布首批创建"国家全域旅游示范区"名单,河北省有 11 个县(区),其中就有阜平县,其享受"八优先"(优先纳入中央和地方预算内投资支持对象,优先支持旅游基础设施建设,优先纳入旅游投资优选项目名录,优先安排旅游外交、宣传推广重点活动,纳入国家旅游宣传推广重点支持范围,优先纳入国家旅游改革创新试点示范领域,优先支持 A 级景区等国家重点旅游品牌创建,优先安排旅游人才培训,优先列入国家旅游局重点联系区域)。为贯彻落实《中共中央国务院关于打赢脱贫攻坚战的决定》(中发

〔2015〕34号）和中共中央办公厅、国务院办公厅《贯彻实施〈中共中央国务院关于打赢脱贫攻坚战的决定〉重要政策措施分工方案》（厅字〔2016〕4号），深入实施乡村旅游扶贫工程，充分发挥乡村旅游在精准扶贫、精准脱贫中的重要作用，十二部委联合制定了乡村旅游扶贫工程行动方案《乡村旅游扶贫工程行动方案》，涉及河北省58县793村，包括阜平县38村。

（三）社会条件

1. 贫困状况

阜平县是革命老区，也是贫困地区，各项经济指标在省市均居后位，远低于全国和河北省以及保定市的平均数。全县209个行政村中有164个贫困村，占78.5%（2015年数据）。经过几年的发展，阜平县的贫困发生率已经大大降低，到2017年年底，全县贫困人口由2014年初建档立卡时的10.81万人下降至1.22万人，贫困发生率由54.4%下降至6.63%，农民人均纯收入由2012年的3 262元增长至2017年底的7 600元（表2）。

表2 阜平县所辖13个乡镇贫困现状

所辖乡镇	总人口	贫困村	贫困户	贫困人口	有劳动能力贫困人口	贫困发生率（%）
阜平镇	33 660	21	1 514	3 503	1 448	21.60
平阳镇	26 168	18	930	2 460	974	8.91
城南庄镇	21 480	16	1 343	3 139	2 973	14.82
龙泉关镇	7 508	8	508	1 044	340	15.95
天生桥镇	11 132	8	718	1 605	595	15.07
王林口乡	19 410	13	589	1 412	562	7.30
北果园乡	22 774	20	1 166	2 120	716	9.40

一、阜平县基本情况

（续表）

所辖乡镇	总人口	贫困村	贫困户	贫困人口	有劳动能力贫困人口	贫困发生率（%）
台峪乡	8 152	8	806	2 015	902	25.73
史家寨乡	9 051	12	977	2 305	914	25
吴王口乡	6 620	12	787	1 585	436	23.68
大台乡	12 167	9	1 172	2 412	877	19.82
夏庄乡	5 438	5	489	1 054	451	18.57
砂窝乡	11 812	8	615	1 184	290	10.02

仅就贫困人口而论，阜平镇、平阳镇、城南庄的贫困人口是最多的，但是这三个乡镇的总人口基数也是比较大的，不过对于有劳动能力的贫困人口也是属于前几位，说明这三个乡镇在发展劳动密集型产业具有一定优势。龙泉关、夏庄乡、砂窝乡贫困人口与有劳动能力的贫困人口不成比例，因此在这三个乡镇的产业发展上，要倾向于非劳动密集型。

2. 收入构成

阜平县特色产业链对接全县贫困村、贫困户，实现了全覆盖，共带动7万贫困农民就业，其中，5万多人通过产业实现稳定脱贫，取得了较好的扶贫成效。在收入构成上有特色产业、传统种养业、手工业、旅游业等，以及依靠土地流转等方式获得的资产型收入。其中，食用菌产业流转土地2万亩，产业覆盖13个乡镇140个行政村，总产值突破2.8亿元，同比增加约0.3亿元；林果产业覆盖13个乡镇170个村，产值10亿元；特色养殖产业，预计全年畜牧水产业总产值6.8亿元，利润1.3亿元左右；中药材产业覆盖13个乡镇，153个村，全县中药材种植面积达到8万亩，产值超过10亿元；家庭手工业覆盖108个行政村，覆盖贫困人口110余人，人均年增收5 000元左右；旅游业及光伏产业，涉及7个乡镇22个村，每户增收5 000元以上。

3. 经营主体情况

全县专业合作社、土地股份合作社1 380家，覆盖全县204个行政村，其中，980个合作社覆盖164个贫困村；培育家庭农场98家、省市级示范龙头企业10家。通过培育、规范新型经营主体建设，加快特色产业基地标准化、规模化发展，提高农业现代化水平，带动了农业产业的提质增效和农民增收。

（四）代表性及意义

综上分析，阜平县属河北省西部贫困山区的典型案例，具有代表性，因此，选取其作为典型案例，开展河北省西部贫困山区科技引领现代农业产业发展对策研究，具有两个重要意义。

一是立足阜平，脱贫致富。本研究提出阜平县现代农业产业发展策略和模式路径，助推阜平县农业转型升级、引领产业发展，如期完成自身的脱贫致富任务，尽快实现致富奔小康目标。

二是脱贫攻坚，样板示范。阜平县是国家"燕山—太行山"连片特困区县，河北省环首都扶贫攻坚示范县，本研究结论可为河北省西部贫困山区的现代农业产业发展和扶贫开发提供示范样板，并为西部贫困山区重点县政府及相关部门、河北省山区和浅山丘陵区农业重点县及扶贫开发部门提供产业发展规划和可供借鉴的经验。

二、阜平县所辖乡镇产业发展概况

阜平县共有13个乡镇：阜平镇、平阳镇、城南庄镇、龙泉关镇、天生桥镇、王林口镇、北果园镇、台峪乡、史家寨镇、吴王口镇、大台乡、夏庄乡、砂窝乡，其各自乡镇的产业发展现状及产业分村布局分析如下。

（一）阜平镇产业发展现状及产业布局

阜平镇总面积45万亩，山场面积30万亩，耕地面积1.7万亩，其中，水浇地1.25万亩。全镇30个行政村，其中，贫困村21个，201个自然村，总人口33 660人，贫困人口13 737人。

阜平镇地处阜平县中心地带，是县政府所在地，也是阜平经济政治文化的中心。紧临阜平县城，区位优势明显，交通便利，借城镇建设之机，农村基础设施有所改善。但农村经济依然落后，地形地貌复杂多样，村民居住分散，产业未形成规模，产业发展潜力不足，优势不明显，土地面积尤其是耕地面积少，不利于产业规模化发展，农民小富即安，思想保守，缺乏开拓创新和致富的动力。

产业总计213项，分别为25项种植类，19项特色产业，50项干鲜果品，65项养殖、18项乡村旅游、35项加工。其中，阜平镇农业主导产业以干鲜果、养殖业、加工业为主，占总产业的70%以上，其中三*会、牛*村干鲜果产业发品类最多，其次为东＊岭、黄＊底、西＊村、法＊村、楼＊村；葛＊头、木＊口畜牧水产养殖业品类最多，其次为三＊会、西＊村、楼＊村；高＊口、第＊山、槐＊庄加工业产业发展品类最多，其次为石＊村、三＊会、石＊沟、黄＊底、木＊口、燕＊村、峀＊头、龙＊村、楼＊村。

具体见表3和表4。

表3 阜平县阜平镇所辖村域农业主导产业

序号	村	农业主导产业	序号	村	农业主导产业
1	城＊村	旅游	16	西＊村	干鲜果、养殖
2	龙＊村	干鲜果、旅游	17	苍＊村	干鲜果
3	楼＊村	干鲜果、养殖	18	木＊口	养殖
4	土＊村	干鲜果、旅游、养殖	19	第＊山	养殖、旅游、加工
5	＊元村	旅游	20	黄＊底	干鲜果
6	＊道村	干鲜果、农作物	21	高＊口	干鲜果、加工
7	柳＊底	养殖、干鲜果	22	石＊沟	农作物、加工、旅游
8	青＊村	旅游、中药材	23	照＊台	养殖、旅游
9	＊石村	养殖、旅游	24	三＊会	干鲜果、养殖
10	法＊村	干鲜果	25	＊石坊	农作物、养殖
11	峀＊头	干鲜果、养殖、加工	26	东＊岭	干鲜果、养殖
12	白＊村	农作物、养殖	27	石＊村	干鲜果、养殖、加工、旅游
13	海＊村	干鲜果、旅游	28	葛＊头	干鲜果、养殖
14	燕＊村	干鲜果、养殖	29	槐＊庄	农作物、干鲜果、养殖、加工、旅游
15	牛＊村	干鲜果、养殖	30	色＊口	农作物

表4 阜平县阜平镇产业发展集中村域及村域主导产业发展品类

阜平镇农业主导产业	产业发展集中村域	主导产业发展品类
干鲜果	三＊会	大枣、杏、核桃、板栗、桃
	牛＊村	设施栽培、大枣、苹果、葡萄、干果

(续表)

阜平镇农业主导产业	产业发展集中村域	主导产业发展品类
养殖业	葛*头	羊、牛、猪、鸡、蜂
	木*口	羊、鸡、猪、蜂、鱼
加工业	高*口	建筑建材、农产品加工
	第*山	蜂蜜加工、手工业、粉条

(二) 平阳镇产业发展现状及产业布局

平阳镇总面积167平方千米,其中,耕地面积3.05万亩,山地面积25万亩,林地面积27.9万亩。22个行政村,75个自然村数,总人口26 168人,贫困人口10 345人。距县城30千米,紧邻保阜高速和S382省道。平阳镇区位优势明显,交通便利,出行方便,但农村经济依然落后,总体情况与阜平镇相似,地形地貌复杂多样,村民居住分散,产业未形成规模,农民小富即安,思想保守。

主产业总计205项,分别为21项种植类、20项中药材及特产产业、50项干鲜果、66项畜牧水产、18项旅游业、32项加工产业。平阳镇农业主导产业以干鲜果、养殖业、加工业为主,占总产业的71%以上,其中下*阳、土*村、山*头干鲜果产业发展品类最多,其次为*快村、*庄村、葛*村、东*峪、*水峪;长*村、*快村、车*村畜牧水产养殖业品类最多,其次为山*头、黄*村、东*峪、白*村;铁*村加工业产业发展品类最多,其次为山*头、葛*村、康*峪、*水峪、*快村、石*村(表5)。

表5 阜平县平阳镇所辖村域农业主导产业

序号	村	农业主导产业	序号	村	农业主导产业
1	下*阳	干鲜果、中药材	12	葛*村	干鲜果、养殖
2	铁*村	旅游、中药材	13	车*村	养殖
3	*快村	养殖、干鲜果、加工	14	东*峪	养殖、干鲜果
4	黄*村	养殖	15	白*峪	养殖、干鲜果、农作物
5	台*村	中药材、养殖、旅游、加工	16	皂*峪	—
6	罗*村	农作物、养殖	17	康*峪	养殖
7	长*村	养殖	18	*水峪	干鲜果、养殖
8	*庄村	干鲜果、养殖	19	山*头	干鲜果、养殖
9	土*村	干鲜果、养殖	20	立*头	干鲜果、养殖
10	石*村	农作物、养殖、干鲜果	21	冯*口	干鲜果、养殖
11	白*村	养殖	22	上*阳	养殖

（三）城南庄镇产业发展现状及产业布局

城南庄镇总面积40.5万亩，土地面积39.6万亩，山场面积29万亩，耕地面积1.2万亩，林地面积22.97万亩。人均占有耕地不足0.6亩。21个行政村，207个自然村、5 917人。距县城南20千米处，胭脂河横贯东西，晋察冀边区革命纪念馆位于城南庄镇20千米处。207国道和320县道纵贯镇域南北，处在阜平、石家庄、定州、忻州和保定的交汇点上，交通十分便利。具有红色旅游和休闲养生资源，是发展旅游业的基础。但种养业存在着较大的自然风险和市场风险，特色种植业发展起步晚，农业基础设施建设薄弱，村民思想观念落后，仅满足于现有的生活习惯及生产方式，缺乏科学先进的理念。

产业总计215项，分别为25项特产种植，7项干鲜果，71项养殖业、57项旅游，24项加工产业，19项光伏。其中，城南庄镇农业主导产业以干鲜果、养殖业、旅游业、加工业、中药材为主，占总产业的82%以上，其中福*峪、*岸底干鲜果产业发展品类最多，其次为*猴村、三*村、井*村；麻*村、畜牧水产养殖业品类最多，其次为华*村、宋*沟；*庄村、井*村旅游业品类最多，其次为麻*村；福*峪、*岸底加工业产业发展品类最多，其次为*猴村、华*村、城*庄。

具体见表6和表7。

表6　阜平县城南庄镇所辖村域农业主导产业

序号	村	农业主导产业	序号	村	农业主导产业
1	城*庄	养殖、旅游	12	华*村	养殖、加工
2	*岸底	养殖、旅游、加工、中药材	13	岔*村	旅游、养殖
3	*桑地	养殖、中药材、旅游	14	*安村	养殖、旅游
4	万*庄	养殖、旅游	15	井*村	养殖、旅游
5	顾*沟	中药材、旅游	16	三*村	养殖、旅游
6	易*庄	养殖、旅游	17	*猴村	养殖、旅游、加工
7	宋*沟	养殖、中药材、旅游	18	*庄村	养殖、旅游
8	向*庄	养殖、中药材、旅游	19	麻*村	养殖、旅游
9	栗*漕	养殖、旅游	20	*台村	养殖、旅游
10	谷*庄	养殖、旅游	21	*工村	养殖、旅游
11	福*峪	旅游、加工、干鲜果			

表7　阜平县城南庄镇产业发展集中村域及村域主导产业发展品类

城南庄镇农业主导产业	产业发展集中村域	主导产业发展品类
干鲜果	福*峪	大枣
	*岸底	板栗、苹果、大枣、核桃
养殖业	麻*村	牛、猪、鱼、蜜蜂
	井*村	貂、蜜蜂、牛、鸡、猪

(续表)

城南庄镇农业主导产业	产业发展集中村域	主导产业发展品类
旅游业	＊庄村	农家乐
	井＊村	农家乐、垂钓园、休闲农业园
加工业	福＊峪	木雕加工
	＊岸底	服装加工、石材加工

（四）龙泉关镇产业发展现状及产业布局

龙泉关镇总面积22.5万亩，山场面积近20万亩，其中耕地面积1.09万亩。辖12个行政村，54个自然村，8 600余人。保阜高速与382省道横贯镇域东西，与佛教圣地五台山相邻，是北京、天津、保定和石去五台山的必经之路，森林覆盖率达50%左右。龙泉关镇有良好的旅游资源和生态环境，交通便利，但是对现状资源利用不足，以发展种植业为主，且农产品附加值低，农业基础设施不完善，当地村民思想观念落后，缺乏科学先进的理念。缺少龙头企业等致富带头人，不能根据市场的供需要求进行生产。

产业总计87项，分别为19项农作物种植，5项特产种植，20项干鲜果种植，13项养殖，18项旅游，12项加工产业。其中，龙泉关镇农业主导产业以干鲜果、旅游业为主，占总产业的65%以上，其中黑＊沟、西＊庄、北＊庄、青＊沟、印＊石、八＊庄、大＊卜、平＊头干鲜果产业发展品类最多；＊泉关、黑＊沟、北＊庄、骆＊湾种植业品类最多；骆＊湾旅游业品类最多，其次为黑＊沟、大＊卜、顾＊台、北＊庄、西＊庄、＊泉关。

具体见表8和表9。

二、阜平县所辖乡镇产业发展概况

表8 阜平县龙泉关镇所辖村域农业主导产业

序号	村	农业主导产业	序号	村	农业主导产业
1	*泉关	种植、旅游	7	印*石	种植、干鲜果、加工
2	黑*沟	种植、干鲜果、养殖	8	八*庄	干鲜果
3	西*庄	干鲜果、旅游	9	大*卜	干鲜果、旅游
4	北*庄	种植、干鲜果、旅游	10	平*头	干鲜果、加工
5	顾*台	种植业、旅游	11	骆*湾	养殖、旅游、加工、种植
6	青*沟	干鲜果、种植、中药材	12	黑*沟	养殖、旅游、种植

表9 阜平县龙泉关镇产业发展集中村域及村域主导产业发展品类

龙泉关镇农业主导产业	产业发展集中村域	主导产业发展品类
干鲜果	黑*沟	苹果、核桃
	西*庄	苹果、核桃
	北*庄	苹果、核桃
	青*沟	核桃、苹果
	印*石	苹果、核桃
	八*庄	苹果、核桃
	大*卜	高山苹果、核桃
	平*头	苹果、核桃
种植业	*泉关	设施蔬菜
	黑*沟	苹果、核桃、食用菌、木耳、果品加工、猪、牛
	北*庄	牧草
	骆*湾	设施蔬菜
旅游业	骆*湾	旅游景区、休闲采摘、农家乐、度假村

（五）天生桥镇产业发展现状及产业布局

天生桥镇是红色老区，也是著名的风景区，还是贫困乡镇。北流河贯通全镇，保阜高速公路和省道 S382 贯穿全镇，距县城 20 千米，紧邻佛教圣地山西五台山 50 千米处。位于阜平西大道上，泛指阜平镇西行通道，是近代帝王御道，是红色革命大道，1947 年 4 月，刘少奇、朱德率中央工委进驻西下关。1948 年 4 月 10 日，毛主席自晋入冀、转战平山的第一夜就住在西下关。2012 年 12 月 29—30 日，习近平总书记亲临阜平（骆驼湾）调研亲民大道。

天生桥镇相对自然条件较为优越，具有但产业基础依然脆弱，农民收入水平仍处于较低水平。思想观念落后，对产业结构、种植结构、技术体系转型升级的认识不足，缺乏新产业的门路和先进技术。

产业总计 87 项，分别为 19 项农作物种植，5 项中药材特产种植业，20 项干鲜果，13 项养殖，18 旅游产业。其中，天生桥镇农业主导产业以干鲜果、旅游业、种植业为主，占总产业的 65%以上，其中北*园*、龙*庙、大*厂干鲜果产业发展品类最多，其次为西*关、不*树、红*河、罗*庄、南*园*、燕*台、塔*村；塔*村、朱*营、不*树旅游业品类最多，其次为北*园*、南*园*、罗*庄、西*关；北*园*种植业品类最多，其次为塔*村、燕*台、南*园*、罗*庄、红*河、龙*庙、不*树、西*关、东*关。

具体见表 10 和表 11。

表 10 阜平县天生桥镇所辖村域农业主导产业

序号	村	农业主导产业	序号	村	农业主导产业
1	东*关	种植	8	红*河	种植、旅游
2	西*关	旅游、种植	9	罗*庄	旅游、种植
3	大*厂	干鲜果、养殖	10	南*园*	旅游、种植
4	不*树	旅游、种植	11	北*园*	旅游、种植、干鲜果
5	龙*庙	种植、干鲜果、旅游	12	燕*台	种植、干鲜果、旅游
6	大*沟	中药材、养殖、旅游	13	塔*村	旅游、种植
7	朱*营	旅游、种植、中药材			

表 11　天生桥镇产业发展集中村域及村域主导产业发展品类

天生桥镇农业主导产业	产业发展集中村域	主导产业发展品类
干鲜果	北 * 园 *	板栗
	大 * 厂	葡萄、核桃
	龙 * 庙	板栗
旅游业	塔 * 村	老黄沟景区、休闲农业、垂钓
	不 * 树	休闲、度假村、垂钓
	朱 * 营	休闲农业、农家乐、观光花果蔬菜
种植业	北 * 园 *	冷凉型特菜菊苣

（六）王林口镇产业发展现状及产业布局

王林口镇总面积 168 平方千米，耕地面积 7 400 亩。辖 20 个行政村，42 个自然村、1.73 万人。距县城 15 千米，S382 省道横贯全镇，鹞子河、板峪河纵贯全镇汇入大沙河。王林口镇地处阜平县中间位置，水资源相对丰富。但地处山区，人均耕地少，农业基础设施不完善。农业产业以大枣生产为主，品种落后，管理水平不高，受自然灾害影响大，市场前景差。对现状资源利用不足，缺乏品牌意识，产品附加值低。

农业主导产业总计 134 项，分别为 23 项种植业、7 项中药材特产、34 项干鲜果、33 项畜牧水产、20 项旅游、17 项加工产业。王林口镇农业主导产业以干鲜果、养殖业为主，分别占总产业的 50% 以上，其中南 * 窝干鲜果产业发展品类最多，其次为西 * 村、前 * 村、* 沙沟、* 驹石；寺 * 村畜牧水产养殖业品类最多，其次为瓦 * 沟、刘 * 沟、五 * 湾、前 * 村。干鲜果、养殖业产业并重的村域为前 * 村和南 * 窝（表 12）。

表12 阜平县王林口镇所辖村域农业主导产业

序号	村	农业主导产业	序号	村	农业主导产业
1	西＊＊口	干鲜果、旅游	11	东＊＊口	畜牧水产养殖
2	董＊口	畜牧水产养殖、旅游	12	南＊村	干鲜果、畜牧水产养殖
3	瓦＊沟	畜牧水产养殖	13	＊坊村	干鲜果
4	刘＊沟	畜牧水产养殖	14	前＊村	干鲜果、畜牧水产养殖
5	＊沙沟	干鲜果	15	南＊村	加工
6	方＊口	畜牧水产养殖	16	上＊村	干鲜果
7	南＊窝	干鲜果	17	寺＊村	畜牧水产养殖
8	东＊村	旅游	18	辛＊村	干鲜果
9	五＊湾	畜牧水产养殖	19	西＊村	旅游
10	＊驹石	干鲜果	20	神＊村	干鲜果、畜牧水产养殖

（七）北果园乡产业发展现状及产业布局

北果园乡总面积201平方千米，辖27个行政村，109个自然村，2.3万人口。距县城18千米，省道S203横贯全乡，境内有胭脂河流过，水源条件丰富。北果园乡主要经济收入依靠种养业和外出务工，农户居住分散，信息闭塞，基础设施建设与群众需求还有很大差距。特色种植业发展起步晚，资金少，规模小，分布分散，很难形成规模，土地收入极低。

主产业总计178项，分别为26项种植业、9项中药材特产、38项干鲜果、50项畜牧水产、33项旅游、20项加工业。北果园乡农业主导产业以干鲜果、养殖业、旅游业为主，分别占总产业的67%以上，其中吴＊沟干鲜果产业发展品类最多，其次为抬＊湾、草＊口、革＊庄、槐＊底、黄＊峪、惠＊湾、光＊村、广＊村、固＊村；李＊庄、黄＊峪畜牧水产养殖业品类最多，其次为水＊村、半＊村、魏＊峪、惠＊湾、槐＊底、下＊峪；旅游产业中东＊庄、店＊村、黄＊

峪、*古洞最多（表13）。

表13 阜平县北果园乡所辖村域农业主导产业

序号	村	农业主导产业	序号	村	农业主导产业
1	北*园	农作物、养殖	15	魏*峪	养殖、加工
2	*花沟	中药材、干鲜果、加工、旅游	16	倪*洼	养殖、旅游
3	卞*峪	养殖	17	店*村	旅游
4	抬*湾	干鲜果	18	细*村	养殖业
5	*古洞	旅游、农作物、中药材特产	19	半*村	养殖、旅游
6	草*口	干鲜果、旅游、	20	东*村	养殖、农作物
7	革*庄	农作物、干鲜果、养殖业、旅游	21	崔*庄	农作物、养殖、旅游
8	东*铺	农作物、干鲜果、养殖、旅游、加工业均等	22	光*村	干鲜果
9	吴*沟	干鲜果	23	广*村	农作物、干鲜果、养殖
10	槐*底	养殖	24	水*村	养殖
11	黄*峪	养殖、旅游	25	营*村	养殖、加工、农作物
12	张*庄	旅游	26	东*庄	旅游
13	李*庄	养殖	27	固*村	干鲜果
14	惠*湾	养殖			

（八）台峪乡产业发展现状及产业布局

台峪乡总面积118平方千米，其中，耕地面积5 900亩，林地3.6万亩，荒山13万余亩。辖8个行政村，70个自然村，7 994人，距县城45千米，位于阜平县城东北部深山区。台峪乡村庄规模小且布局分散，农业基础设施不完善，灌溉措施不便利。村内道路较窄，不能满足发展三产联动发展的需要。老人和妇女人数比例占大多数，不能满足产业融合发展的需要，缺乏人才、资金。

主产业总计73项，分别为11项种植业、6项中药材特产、15项干鲜果、21

项畜牧水产、8 项旅游、8 项加工产业、4 项光伏产业。台峪乡农业主导产业以干鲜果、养殖业、种植为主，分别占总产业的 64% 以上，其中井 * 沟、台 * 村干鲜果产业发展品类最多，以核桃、大枣为主，其次为平 * 村、庄 * 村、吴 * 庄；台 * 村、井 * 沟、吴 * 庄畜牧水产养殖业品类最多，以山鸡、肉驴、猪、蜜蜂为主，其次为营 * 村、台 * 村、吴 * 庄；农作物种植中营 * 村、庄 * 村、吴 * 庄最多（表14）。

表 14　阜平县台峪乡所辖村域农业主导产业

序号	村	农业主导产业	序号	村	农业主导产业
1	营 * 村	养殖、旅游、农作物	5	白 * 台	农作物、中药材、干鲜果、旅游、加工
2	台 * 村	养殖、加工、干鲜果	6	井 * 沟	干鲜果、养殖
3	平 * 村	干鲜果、养殖	7	吴 * 庄	养殖、干鲜果、农作物、旅游、加工
4	庄 * 村	农作物、干鲜果、养殖	8	王 * 岸	农作物、中药材、干鲜果、养殖

（九）史家寨乡产业发展现状及产业布局

史家寨乡总面积 269.7 平方千米，林地面积 30.75 万亩，耕地面积 5 565 亩，辖 14 个行政村，92 个自然村，8 684 人，距县城 15 千米，鹞子河为该乡主要河流，具有红色旅游资源。但是史家寨乡整体农业产品产值低，经济效益差，产品销售渠道单一，村民的种植养殖技术不足，基础设施建设滞后，旅游业及旅游服务业尚未形成。

主产业总计 90 项，分别为 12 项种植业、13 项中药材特产、25 项干鲜果业、22 项畜牧水产、7 项旅游产业、7 项加工产业、4 项光伏产业。史家寨乡农业主导产业以干鲜果、养殖业、中药材为主，占总产业的 67% 以上，其中槐 * 村、*

东漕干鲜果产业发展品类最多,其次为史＊寨、葛＊台、北＊庄、口＊头;葛＊台畜牧水产养殖业品类最多,其次为洼＊村、红＊山、董＊村、场＊村;中药材草＊沟、场＊村最多(表15)。

表15 阜平县史家寨乡所辖村域农业主导产业

序号	村	农业主导产业	序号	村	农业主导产业
1	史＊寨	干鲜果、农作物	8	草＊沟	中药材
2	葛＊台	养殖、干鲜果	9	红＊山	养殖、农作物
3	北＊庄	干鲜果、中药材、旅游	10	董＊村	养殖
4	口＊头	干鲜果、中药材、加工	11	场＊村	养殖、中药材
5	＊东漕	干鲜果、中药材	12	槐＊村	农作物、干鲜果
6	铁＊口	干鲜果、中药材、	13	段＊村	干鲜果、养殖、旅游
7	定＊庄	干鲜果、农作物、中药材、养殖	14	洼＊村	养殖、农作物

(十)吴王口乡产业发展现状及产业布局

吴王口乡面积229.5平方千米,其中,耕地面积5 105亩,林地19 200亩。辖13个行政村,省道203南北向过境、乡道213纵贯东西。境内有大沙河流域,水量较充沛。自古就是冀与晋、蒙的重要通道关隘,交通便利,全乡农业发展主要依靠种养业,且产业规模小,结构单一,大部分村民的种养技术创新不足,缺少发展产业的技术和相关科技配套设施;在种养方面依旧沿用传统方式,不能满足供给侧改革和三产融合发展的需要。

产业总计98项,分别为15项农作物种植,5项特产种植,22项干鲜果,18项养殖业,24项旅游,9项加工,5项光伏产业。其中,吴王口乡农业主导产业以干鲜果、旅游业、养殖业为主,占总产业的65%以上,其中石＊地、吴＊口干鲜果产业发展品类最多,其次为岭＊村、＊庄旺、寿＊寺、桃＊坪、黄＊洼、邓*庄；寿*寺、*老台、吴*口旅游业品类最多，其次为*岔村、银*村、*庄旺、石*地、南*庄、桃*坪、邓*庄；石*地、桃*坪、邓*庄养殖业类最多，其次为银*村、南*庄、黄*洼、吴*口。

具体见表16和表17。

表16　阜平县吴王口乡所辖村域农业主导产业

序号	村	农业主导产业	序号	村	农业主导产业
1	吴*口	干鲜果、旅游、养殖	8	寿*寺	旅游、干鲜果、加工
2	邓*庄	养殖、干鲜果、旅游	9	石*地	干鲜果、养殖、旅游
3	*老台	旅游	10	*庄旺	干鲜果、旅游
4	黄*洼	干鲜果、养殖	11	银*村	养殖、旅游
5	周*河	干鲜果、旅游、加工	12	*岔村	农作物、旅游
6	桃*坪	养殖、干鲜果、旅游	13	岭*村	干鲜果
7	南*庄	养殖、干鲜果、中药材			

表17　阜平县吴王口乡产业发展集中村域及村域主导产业发展品类

吴王口乡农业主导产业	产业发展集中村域	主导产业发展品类
干鲜果	石*地	苹果、桃、核桃
	吴*口	桃、核桃、大枣
旅游业	寿*寺	长寿小镇、康养度假
	*老台	生态农家旅游、休闲旅游度假村合作社
	吴*口	温泉度假区、采摘园
养殖业	石*地	蜂、猪、鱼
	桃*坪	猪、鱼、鸡
	邓*庄	牛、狐狸、蜂

（十一）大台乡产业发展现状及产业布局

大台乡总面积168平方千米，耕地面积6 200亩，林地18万亩。辖9个行政村63个自然村，总人口12 156人。位于阜平县城东北部15千米处，地处太行山深山区。宣阜公路、207国道过境，旅游资源丰富。但主导产业不突出，人均耕地面积少，水利配套设施不足等问题，成规模的优势主导产业不明显，村民思想观念落后，仅满足于现状的生活习惯及生产方式，缺乏科学先进的理念。

主产业总计96项，分别为10项种植业、8项中药材特产、19项干鲜果业、30项畜牧水产、16项旅游产业、8项加工产业、5项光伏产业。大台乡农业主导产业以干鲜果、养殖业、旅游业为主，占总产业的67%以上，其中柏*村干鲜果产业发展品类最多，其次为坊*村、苇*沟；东*村、坊*村畜牧水产养殖业品类最多，其次为苇*沟、*连地、*台村；旅游业坊*村、柏*村、炭*铺、*连地最多。

具体见表18。

表18 阜平县大台乡所辖村域农业主导产业

序号	村	农业主导产业	序号	村	农业主导产业
1	*台村	养殖、干鲜果、旅游、加工	6	炭*铺	农作物、旅游
2	坊*村	干鲜果、养殖、旅游	7	老*渠	农作物、中药材、干鲜果、养殖、光伏
3	东*村	养殖、干鲜果、农作物	8	苇*沟	干鲜果、养殖业
4	柏*村	干鲜果、养殖、旅游、加工	9	*连地	养殖、旅游
5	*板峪	农作物、干鲜果、养殖、旅游			

（十二）夏庄乡产业发展现状及产业布局

夏庄乡总面积23.05万亩，耕地面积6 450亩，山场面积21.5万亩，林地面积9.68万亩,总人口1 877户,5 652人,5个行政村共59个自然村。位于县城西南35千米处,地形呈东西窄、南北长的一条纵深之沟。森林覆盖率42%,垂直景观较为丰富,风景秀美,是"八百里"太行山中一颗璀璨的"生态明珠",有"绿色明珠""天然氧吧""高山休闲避暑胜地"之美誉,具有发展休闲农业、特色小镇、民宿经济的巨大潜力,但是山体经济林种植困难,无收成,村民亟待提高种植技术。

产业总计55项,分别为4项农作物种植,5项特产种植,17项干鲜果,16项养殖,9项旅游,4项加工。其中,夏庄乡农业主导产业以干鲜果、旅游业、养殖业为主,占总产业的77%以上,其中二*庄干鲜果产业发展品类最多,以核桃、板栗、苹果、杏、李为主,其次为菜*村、面*村、羊*村、夏*村;菜*村旅游业类最多,度假山庄、农家乐、采摘园为主,其次为羊*村;二*庄养殖业品类最多,低密度散养鸡、牛、羊、猪、鱼等,其次为羊*村、面*村、夏*村。

具体见表19。

表19　阜平县夏庄乡所辖村域农业主导产业

序号	村	农业主导产业
1	夏*村	养殖业、干鲜果、中药材
2	面*村	干鲜果、中药材、养殖业、旅游业
3	羊*村	养殖业、干鲜果、旅游业
4	菜*村	干鲜果、养殖业、旅游业
5	二*庄	干鲜果、养殖业

(十三)砂窝乡产业发展现状及产业布局

砂窝乡总面积240平方千米,其中,耕地面积9 135亩,林地面积7.8万亩。

辖15个行政村，72个自然村，3 418户，12 140口人，其中农业人口11 550人。全乡共有劳动力5 373人，外出务工人员656人。位于县城西北20公里处，省道阜繁公路贯穿全境，是全乡的主干道，大沙河为该乡主要河流。劳动力相对丰富，交通便利，水资源丰富，但是村民的种养殖技术创新不足，缺少发展产业的技术和相关科技配套设施；经营方式单一，仅靠农户自身生产和销售，没有形成高附加值的生态农产品产业链。

产业总计105项，分别为16项农作物种植，2项特产种植，25项干鲜果，28项养殖，19项旅游，12项加工。其中，砂窝乡农业主导产业以干鲜果、旅游业、养殖业、种植业为主，占总产业的83%以上，其中百*台、*窝村干鲜果产业发展品类最多，其次为碾*沟、盘*台、全*村、下*村、河*村、砂*村；*窝村旅游业品类最多，其次为大*树、全*村、下*村、砂*村、仙*村；龙*沟养殖业类最多，其次为盘*台、全*村、河*村；大*树、*窝村种植业品类最多。

具体见表20和表21。

表20　阜平县砂窝乡所辖村域农业主导产业

序号	村	农业主导产业	序号	村	农业主导产业
1	*窝村	旅游、干鲜果	9	龙*庄	农作物、干鲜果、加工
2	砂*村	旅游、干鲜果	10	百*台	干鲜果、农作物、养殖、旅游、加工
3	河*村	养殖、干鲜果	11	盘*台	养殖、干鲜果
4	上*村	养殖业	12	黑*台	养殖、农作物、干鲜果、加工
5	下*村	旅游、干鲜果、养殖	13	林*沟	农作物、中药材、干鲜果、养殖、加工均等
6	全*村	养殖、旅游、干鲜果	14	碾*沟	干鲜果、养殖、加工、农作物
7	大*树	旅游、农作物	15	仙*村	养殖、旅游、干鲜果
8	龙*沟	养殖			

表 21 阜平县砂窝乡产业发展集中村域及村域主导产业发展品类

砂窝乡农业主导产业	产业发展集中村域	主导产业发展品类
干鲜果	＊窝村	核桃、仙桃、葡萄
	百＊台	核桃、仙桃、大枣、核桃、板栗
旅游业	＊窝村	设施农业、采摘、旅游观光、农家乐、度假村、商业街
养殖业	龙＊沟	羊、驴、猪
种植业	大＊树	设施蔬菜
	＊窝村	大棚蔬菜

三、西部贫困山区（阜平县）农业农村产业发展现状分析

阜平县立足实际，以规模化、产业化为发展方向，食用菌、林果、畜牧业、家庭手工业等产业实现突破。

（一）食用菌产业

按照"六位一体、六统一分"发展模式，2017年全县食用菌种植涉及13个乡镇96个村，总投资8.6亿元，完成土地流转1.6万亩，建成百亩以上园区54个，出菇棚4 000余栋，参与户数1.1万户，覆盖贫困户3 800户。食用菌栽培菌棒5 000余万棒，其中，香菇棒数为4 000余万棒，其他小品种1 400余万棒。全县总产量3.5万吨，总产值达2.5亿元。到2018年底，形成"一核、四带、百园覆盖"产业布局，栽培面积达到3.2万亩，年产菇、耳45万吨，总产值25亿元。

（二）林果产业

共完成果树栽植2.61万亩，其中，新发展晚熟桃6 910亩、苹果10 708亩。

每个乡镇集中完成一个 200 亩以上的种植示范园建设。完成大枣改接换优 3 万亩。一是 10 万亩现代枣业园区建设。与河北农业大学合作建设大枣试验站，并推动以试验站为中心的 10 万亩现代枣业园建设。截至目前，试验站完成品种繁育基地 13 亩，品种园完成 8 个品种 70 多亩，完成大枣种植 300 多亩，高接换优 100 多亩，设施大棚完成 17 个。二是特色林果基地建设。建设完成以大台柏崖村为中心的仙桃示范带和以天生桥镇为中心的优质苹果示范带。建设县城东南部"阜平大枣"生产基地、天生桥镇红草河村苹果种植示范园、城南庄镇和夏庄乡的板栗生产基地、龙泉关镇苹果、樱桃生产基地、史家寨槐场村晚熟桃示范园、夏庄菜池村林果生产基地等特色水果基地建设，集中打造了 7 个高标准精品苹果示范园（表22）。

表 22　阜平县林果产业位置分布

乡镇	村	规模（亩）
阜平镇	东*岭、龙*村、木*口、槐*庄、*石坊、尚*头	3 290
北果园	光*村、水*村、东*铺、广*村	3 320
大台乡	柏*村、*连地、东*村、坊*村、*板峪	2 300
天生桥	东*关、北*园*	1 040
王林口	刘*沟、南*村、东**口	4 400
砂窝乡	全*村、上*村、下*村、百*台	1 220
史家寨乡	史*寨、洼*村、红*山、槐*村	1 800
台峪乡	井*沟、平*村	1 400
平阳镇	土*村、上*阳、长*村、白*峪、罗*村、白*村、石*村、冯*口、台*村、山*头、立*头、康*峪、黄*村、东*峪	4 100
龙泉关	骆*湾、黑*沟、印*石、西*庄、北*庄	970
吴王口	*岔村、石*地	1 060
夏庄	夏*村	900
城南庄	*岸底、谷*庄、*工村	4 200
合计		30 000

（三）养殖产业

县政府引导和鼓励畜牧水产养殖向规模化、标准化、品牌化方向发展。全县规模养殖场达到 590 多个，覆盖人口 1.8 万人，贫困人口 7 500 人。

（四）中药材产业

全县处太行山深山区，立体气候明显，独特的地理环境和气候条件孕育了种类繁多的道地中药材，2013 年中药材资源普查，全县有 590 多种药材，有 81 种国家重点药材，品质好，无污染。县政府出台扶持政策，对成规模种植的每亩补贴 200 元，种植规模达到 500 亩以上的，进行一次性奖补，最高奖补 20 万元。2017 年全县完成中药材种植 6.1 万亩，覆盖了 13 个乡镇，132 个村，带动农户 1.2 万户，带动贫困户 2 100 余户，为河北省中药材生产重点县（表 23）。

表 23 阜平县中药材产业位置分布

	位置分布	种植规模
阜平镇	柳*底、东*岭	1 000 亩
大台乡	柏*村、*连地、东*村、坊*村、*板峪、*台村、炭*铺、老*渠	4 000 亩
天生桥	罗*庄、红*河、朱*营、不*树、龙*庙	3 000 亩
王林口乡	*坊村、*沙沟、上*村	1 000 亩
吴王口乡	桃*坪	500 亩
夏庄乡	夏*、菜*、二*庄、面*、羊*	2 500 亩
城南庄	万*庄、宋*沟、*猴村	2 000 亩
砂窝乡	林*沟、上*村、下*村、砂*村、仙*村	2 000 亩

(续表)

	位置分布	种植规模
史家寨	口*头、段*村、北*庄等13个村	55 000亩
台峪乡	吴*庄、白*台	500亩
平阳镇	葛*村、*快村、白*峪、白*村、皂*峪、石*村、冯*口、台*村、铁*村、山*头、立*头、黄*村、东*峪	2 500亩
龙泉关	骆*湾、顾*台、黑*沟、八*庄、印*石、平*头、青*沟、黑*沟、大*卜、*泉关	8 000亩
合计		82 000亩

(五) 旅游业

大力发展以阜平特有的乡村人居环境、山水文化、田园风光、农业生产及自然环境为基础的乡村旅游体验活动，结合村、石、树、田、河为特色的地方文化，以农民为主体，以参与性、休闲性为卖点，挖掘古老的乡土文化内涵，为游客提供真实可见的体验项目，乡村旅游发展取得了实质性进展，乡村旅游扶贫效益明显得到了增强。2017年，全县累计接待游客53.54万人次，同比增长15.39%，实现旅游综合收入3.21亿元，较去年同比增长11.46%。其中，乡村旅游人数18.39万人次，实现旅游综合收入3 600万元，直接实现800余人就业，间接带动1 000余人参与到旅游行业。目前全县38个旅游扶贫村共有16 340户，总人数42 543人，贫困户4 830户，贫困人口10 696人，参与旅游从业人员720人，其中贫困户从业人员230人，人均年收入4 000元，旅游扶贫效果明显增强。

（六）家庭手工业

截至 2017 年底，全县家庭手工业共发展服装、玩具、箱包等 24 个门类，加工点发展到 396 家，覆盖到 186 个行政村，机器设备 10 000 余台（套），从业人员达到 2.6 万人，人均年收入 1.8 万元左右。分布在全县 12 乡镇的 69 个行政村（表 24）。

表 24　阜平县家庭手工业分布

乡镇	所涉及村域
阜平镇	第*山
龙泉关镇	骆*湾、八*庄、平*头、西*庄、*泉关、北*庄
平阳镇	葛*村、皂*峪、石*村、冯*口、台*村、铁*村、山*头、康*峪、黄*村、东*峪
城南庄镇	栗*漕、*猴村
天生桥镇	不*树、南*园*、北*园*
王林口镇	*驹石、前*村、五*湾、辛*村、瓦*沟
台峪乡	营*村、庄*村、井*沟、平*村、王*岸、吴*庄、台*村、白*台
大台乡	柏*村、老*渠、东*村、坊*村、*连地、*板峪
史家寨乡	槐*村、史*寨
砂窝乡	大*树、上*村
夏庄乡	第*山

（七）电商产业

依托精准扶贫，精准脱贫战略实施，充分发挥村级组织和群众在电商扶贫中的重要作用，按照"一乡一业""一村一品"原则，大力发展贫困村电子商务，倒逼贫困村农业特色产业发展，促使农产品生产加工标准化、品质化，助推物流体系完善健全，促进农产品溢价上升，促农增收，助农脱贫。一是成功举办了"阜礼"区域公用品牌发布会暨百家传媒电商阜平行活动，通过百家网络媒体，使得各界深入阜平、了解阜平，一天内网络搜索量达42 000条，新媒体报道量达15 000条。二是完成了《阜平县电子商务暨互联网+发展规划》，为阜平电商发展规划出一条科学、持续、有效的发展道路，组建了以电商公共服务中心为依托，以企业、合作社、"一村一店"为支撑，淘宝店铺、微店等为基础的农副产品销售网络，实现了包括164个贫困村在内的县域行政村（209个）电商网点全覆盖，2017年阜平农特产品全网销售额达1亿元，同比增长150%，有效带动了群众增收。

（八）光伏产业

首批村级光伏扶贫电站项目覆盖贫困户1 320人。每个村级电站每年提供光伏扶贫效益资金20万元，其中村集体两万元，贫困户每户3 000元，持续20年。建成集中式光伏电站1个，帮扶户数1 000户，每个贫困户3 000元，持续20年，均于2017年6月30日并网发电，并且申报建设2017—2020年村级光伏电站项目，建设村级电站63个，建成后覆盖贫困村64个、贫困人口3 897人。

四、西部贫困山区（阜平县）现代农业产业发展条件及需求分析

（一）有利条件分析

生态资源优势：阜平县生态良好，森林覆盖率达47.71%，植被覆盖率达80.8%。浓缩了太行山麓秀美的自然风光，是京津冀协同发展中的生态净土。该县发展生态农业、绿色农业拥有得天独厚的条件。

红色文化资源优势：阜平县是革命老区，北方第一个红色县政权——中华苏维埃阜平县政府在此诞生，在阜平镇—城南庄镇—夏庄乡红色三角区域，分布着花山村毛主席旧居、中共中央书记处扩大会议城南庄会址、北方红色苏维埃政权旧址等。独特的红色文化资源对阜平农业的催化作用有深厚的开发空间。

政策优势：中共中央国务院、河北省委省政府、保定市委市政府的重视及社会大力的帮扶力度为阜平的产业发展奠定了政策与资金优势。在帮扶内容上发生了很大转变，即由生活上帮扶向产业发展上帮扶转变，为阜平县现代农业产业的发展奠定了政策基础。

人力资源优势：通过卓有成效的专业技能培训，阜平县一批贫困群众、贫困学生、扶贫干部和脱贫致富带头人提高了就业创业能力，贫困人口的综合素质有

了较大的提高。

（二）制约因素分析

立地条件差：土地资源稀缺，80%的耕地属于半坡地或山地，干旱少雨、水资源匮乏、土地贫瘠、沟壑纵横，不利于开展规模化生产和经营，极大地制约了产业化经营和规模化发展。

市场化程度薄弱：产业发展以农业为主，农业产业向二三产业的融合发展程度不够，农业社会化服务体系不健全，组织化程度较低。品牌农业发育水平不足，优质农产品、绿色农产品、生态农产品尚未形成规模。

（三）面临挑战分析

1. 政策红利还未形成

在产业发展过程中，阜平县先后出台实施了金融、保险、土地等一系列优惠政策，但是各项政策还需要相互结合，探索完善，实现政策的有效衔接，促进贫困县产业发展政策红利的早日形成。

2. 资金吸附作用未能充分发挥

阜平县是国定贫困县，可用财力明显不足，同时，因为基础设施条件差，受制于资金匮乏、技术不足、地形多变等客观因素，土壤贫瘠，水利、电力等基础设施配套不足，造成资金主要用于基础设施建设，在产业推动方面相对乏力，不能充分发挥出资金对产业项目、技术、人才等方面的吸附作用。

3. 技术储备十分薄弱

阜平县作为"燕太片区试点",产业发展、脱贫攻坚任务异常繁重,并且以食用菌为主的特色产业并非传统产业,在技术储备和人才支撑方面十分薄弱,虽然在推动产业发展中引进人才,建立技术团队,与科研院校进行对接获取支持,但是现有专业技术人才远远不能满足产业发展需要,比如食用菌产业的菌种研发、制备,废弃菌棒的资源化利用等方面技术人员缺乏。

4. 市场抗风险能力偏低

阜平产业发展还处于起步阶段,规模小、抵御市场风险的能力较弱,尚未形成覆盖全体农户、支撑稳定脱贫的产业体系。阜平扶贫产业,尤其食用菌、林果、中药材等主导产业还是以销售初级产品为主,缺乏精深加工企业,产业链条短,产品附加值低,农民收益相对偏低,一定程度也影响农民发展产业的积极性。

(四) 产业发展主攻方向

最大限度发挥资源禀赋的优势,因地制宜、精准打造扶贫产业,形成"优势特色产业区",大力发展生态文化旅游业、特色种养业,发展现代特色农业示范区,建立健全贫困户参与产业扶贫的收益机制,保护村庄的自然生态资源,保持乡村原有的田园风光,让各类资源在产业扶贫开发中实现良性的、有机的循环,实现持续发展,提升产业带动能力。

五、西部贫困山区（阜平县）现代农业产业发展战略布局分析

（一）科技引领产业发展策略

1. 加快以食用菌、道地中药材为代表的主导产业转型升级

阜平县委、县政府经过研究和综合分析论证，把食用菌产业作为强县富民的主导产业来培育。经过三年的发展，产业从无到有再到发展壮大，已建成规模化园区54个、棚室4000余栋，占地1.8万亩，产业覆盖13个乡镇140个行政村，截至2017年，辐射带动农户1.5万余户，其中贫困户7000余户。2016—2018年，全县共栽培食用菌1.2亿余棒，产量6万余吨，产值近6.9亿元，参与农户户均增收万元以上。

阜平"老香菇"及系列产品荣获"河北省十佳知名品牌"和金、银、铜奖，产业发展受到了国家和省市各级领导的支持与肯定。但以食用菌、道地中药材为代表的主导产业并非阜平县本土产业，发展时间短，种植技术相对偏低，要立足自身优势上进行发展升级，多措并举推动产业发展。

（1）促进主导产业转型升级，要立足自身优势，明确发展方向，打造绿色

安全的产品生产基地

发展以食用菌、道地中药材为代表的主导产业转型升级，要重点突出其以下优势：一是管理优势，以周年、优质、高效、生态为目标，形成"六位一体（指政府+金融+科技+企业+基地+农户）、六统一分（指统一建棚、统一品种、统一制袋、统一技术、统一品牌、统一销售，分户栽培管理）"的运营模式，降低生产成本和市场风险，减轻农民负担；二是种植优势，以户为单元精细管理，配套一流栽培设施，可有效提升优质产品的产出率，实现农民效益最大化；三是环境优势，阜平生态环境优良，原料资源丰富，昼夜温差大，适宜优质产品的培育生产。

（2）促进主导产业转型升级，要科学规划引领，政策扶持支撑，多措并举推动产业发展

编制阜平县主导产业系列规划，在借鉴其他地区成熟经验的基础上，加快推进以食用菌、道地中药材为代表的主导产业发展，制定出台一系列扶持政策，激励产业健康快速发展。如达到一定规模的企业、合作社入驻，给予配备相应的水、电、路基础设施配套；给予大型企业一定金额的资金补贴等。同时聘请省内外知名专家，做好产业发展的规划指导工作。每个园区要聘请1~2名有丰富经验的技术员，开展全方位、多层次的技术培训。从产品源头抓起，严把质量关，打造知名自有品牌，结合网络、报纸、传媒，创新形式，扩大宣传，提高品牌的知名度。

（3）促进主导产业转型升级，要延伸产业链条，加速产业融合，在提高产品附加值的基础上激发产业活力

壮大一产，大力发展种植业。按照绿色、节能、环保、循环经济要求，严格生产环节，科学管理。扩张二产，加速发展产品的物流、仓储、加工、包装。建保鲜库，使保鲜储存能力达千余吨，在上海、深圳等一线城市设立直销窗口，与京东商城、北国超市等销售商建立了购销售关系，鲜品畅销各地。放眼三产，依

托特色产业的采摘、休闲、观光、旅游、餐饮等增长迅速，提升产品附加值。

2. 围绕山场综合开发，培育壮大特色林果业、特色畜牧业

林果、畜牧水产业是阜平的传统产业和优势产业，是近期产业扶贫的重要内容，市场导向，多措并举、扎实工作，林果、畜牧水产业取得了显著成绩。但本地资源条件、产业现状、市场空间、产业覆盖等方面也存在一定不足。

（1）促进产品升级，强化质量安全监管

阜平县果品加工企业主要是枣产品加工企业，年加工各种枣制品约3万吨，其他果品如桃、苹果等尚无加工企业，急需引进现代化果品深加工企业，增加林果产品附加值，带动果农增收。一是强化责任落实。深入调研，制定质量安全监督工作实施方案，落实企业与个人主体责任和监管部门监管责任。二是开展风险评估预警。强化质量安全监测，规范生产档案。三是查找消除安全隐患，强化责任落实。狠抓了苗种、兽药、饲料等投入品监管、整治，加强重点阶段专项检查，确保产品安全供给。四是大力发展无公害认证，强化企业诚信建设，建立企业生产质量安全承诺制度，确保舌尖上的安全。

（2）推进品牌建设，增收致富带动能力

目前，阜平县林果品牌知名度普遍不高，需要打造本县知名品牌，提升果品价格，带动果农增收。在畜牧方面，目前培育形成了14家龙头企业，4个特色品牌，但是对于自由产品的知名度还需要进一步提升，需将产品与市场紧密结合。

3. 推进三产融合，扶持发展创意休闲农业

（1）挖掘当地特色，挖掘创意休闲农业的文化历史内涵

观光采摘园特色与地方历史文化的关系上，重在研究对当地民情民俗、风俗习惯的挖掘和发扬。在生态农业观光采摘园中，需要大力挖掘各层面的民俗文化

内容,在开发中保护,在保护中开发,依托农业的绿色生态旅游和纯朴的农业旅游。

在发展理念上有更加自觉、更加成熟的认知。休闲旅游活动对生态观光采摘园区环境具有强效影响,加强农业文化历史资源的发掘、整理和展出的策划活动,增加展出手段的科技含量。运用现代科技手段,融入动手、动脑的参与活动,运用市场经济和政治思想相结合的手段,最大限度地调动生态观光采摘园区管理人员、研究人员和服务人员的积极性,创造优美、舒适、卫生、方便的群体聚居环境。

(2) 增加服务类比重,注重与人的行为互助关系

在采摘园特色与环境设施的关系上,侧重农业观光园、采摘园的环境设施,重点关注环境设施与行为的相互关系。既要满足游客各种行为对环境设施的需要,又促使环境设施诱导游客进一步行为的产生,让游客参与环境设施的各种娱乐、体验、观赏活动。农业观光采摘园的环境设施是生态农业观光采摘园特色的重要组成部分,是最能体现环境的质量与艺术魅力的要素,是环境中最具有表现力的事物。

(二) 现代农业产业发展目标及布局

阜平县是京津冀一体化发展的生态支撑重地。针对资源广博而开发度低的状况,按照中央确定的"促进国民经济转型、加快城乡发展一体化、确保国家粮食安全、保障农产品质量、推进资源节约、实现环境友好、增加农民收入、提高农业效率"八个目标,确定了寻求适宜的致富产业项目的原则:资源开发与生态保护并重、保护优先;在转型升级、产业化、体系化上下功夫,努力提高效益,加快、加大致富能力。

产业发展重点依托农作物、中药材及特色产业、干鲜果产业、养殖与水产

业、乡村旅游业、农村手工业及农副产品加工业六大类产业项目，在保护山林、保护绿水青山的前提下合理布局。有环境污染危险的项目不安排，不利于生态环境安全的项目不安排，通过提高资源利用率和投入产出率，完善产业链，实现产业脱贫。

六、西部贫困山区（阜平县）现代农业重点产业发展分析

（一）高效食用菌产业

1. 产业发展前瞻布局

构建"一核四带百园"食用菌产业格局。"一核"即位于天生桥镇东下关村的食用菌产业核心区。"四带"为城关镇—城南庄、平阳镇—台峪乡、大台乡—史家寨—王林口乡、龙泉关—天生桥四条产业带。"百园"指在适宜地区规划建设100个现代高效食用菌产业园区。通过"一核四带百园"，在全县建设8个食用菌生产片区，覆盖13个乡镇，86个村。

以食用菌产业片区为重点，整合资金，加大投入，发挥区域比较优势，强力扶持食用菌产业发展，激发和调动产业片区农户食用菌种植的积极性，提高产业的综合效益，推动产业高效可持续发展，打造阜平县食用菌特色品牌，延伸阜平县食用菌的产业链，实现贫困群众脱贫致富奔小康（表25，图2，图3）。

表 25 食用菌生产片区现状

	累计投资 （亿元）	建设大棚 （个）	占地 （亩）	辐射农户 （户）	产值 （亿元）	增加收入 （万元）
天生桥片区	1.645 0	2 350	1 953	1 000	2.820 0	0.940 0
王林口片区	0.991 2	2 920	2 431	3 000	3.504 0	1.168 0
大台、史家寨片区	0.959 0	1 370	1 147	1 200	1.674 0	0.548 0
城南庄片区	1.047 2	1 496	1 256	1 500	1.795 0	0.598 4
阜平镇片区	0.730 8	1 044	865	1 000	1.253 0	0.417 6
砂窝乡片区	0.294 0	420	347	300	0.504 0	0.168 0
北果园、东城铺片区	0.315 0	450	378	350	0.540 0	0.180 0
平阳镇、台峪乡片区	1.365 0	1 950	1 623	1 500	2.340 0	0.780 0

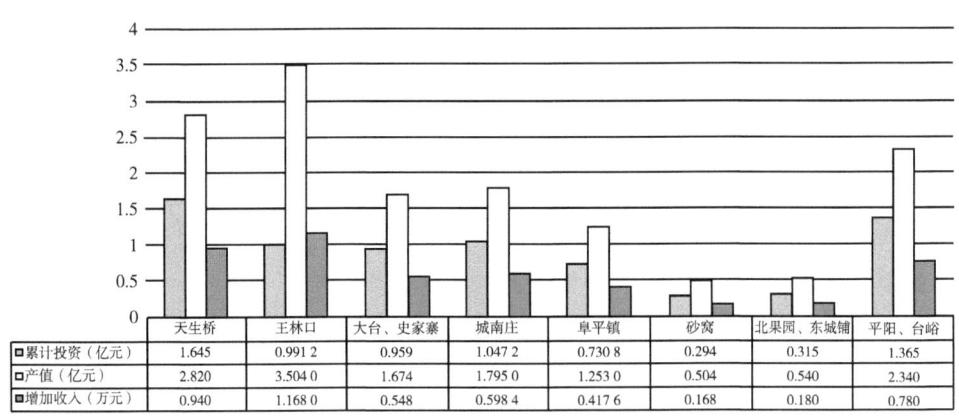

图 2 阜平县 8 个食用菌片区投资产值

2. 全产业链发展模式与路径分析

加快构建高效食用菌产业链，推进"五化模式"，即菌种培育优质化、菌棒加工本地化、食用菌生产标准化、成品加工产地化、休闲观光融合化。

建立食用菌育种平台，重点建立以菌种选育、分离、培养、灭菌为核心的菌

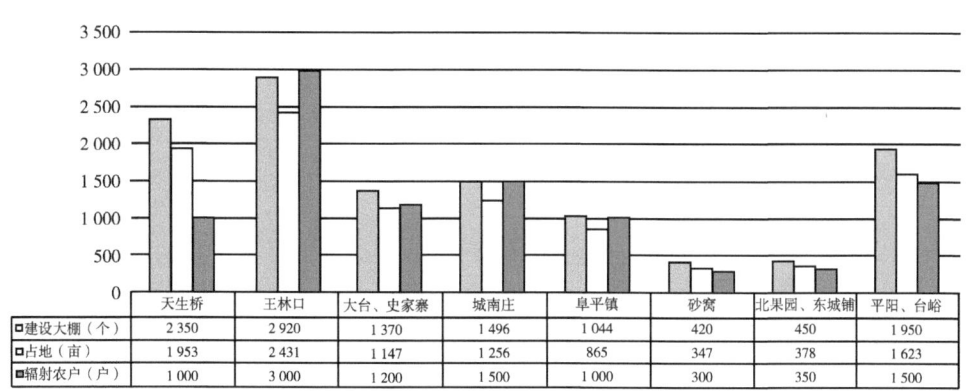

图 3　阜平县 8 个食用菌片区辐射农户

种试验中心，规范菌种生产市场，为食用菌栽培基地提供优质菌种。以本地所剪的果木枝等为原料生产食用菌菌棒所需基料，驱动本地木屑原料生产企业的发展壮大。制定和推行食用菌地方标准，带动全县标准化生产的发展，加强食用菌监测管理，保障食用菌质量安全水平。培育扶持食用菌龙头企业，发展食用菌产地初加工和深加工，拓展产品品系，提高产品附加值。融合发展食用菌休闲观光产业，建设现代食用菌休闲观光农业园，并将食用菌观光园纳入阜平农业休闲旅游路线中，带动乡村旅游发展。

（二）道地中药材产业

1. 重点发展区域与产业格局

利用山地生态资源优势，进行道地中药材品种筛选、人工培育、提纯复壮和脱毒，推广仿野生、立体高效复合种植模式，培育发展种植大户、合作社和龙头企业，建设中药材核心示范区，重点种植板蓝根、桔梗、黄芩、黄芪、瓜蒌、丹参、白芷、猪苓金银花、防风等品种，重点发展"一片、一线"区域。"一片"即王林口、大台、史家寨片区。"一线"即龙泉关、天生桥、夏庄、城南庄腹地的一条斜线，建成河北省中药材生产大县，带动贫困户脱贫。

2. 全产业链发展与路径分析

（1）种子繁育

建设中药材种子繁育基地，严格按照中药材生产质量管理规范（GAP），结合阜平县实际经验，引进和培育中药材优良、高产品种。

（2）仿野生种植

建设山地仿野生种植基地，选择黄芩、柴胡、桔梗、射干等中药材品种，在荒山或山坡地块根据中药材的生长习性进行仿野生栽培。栽培前选择适宜山地、林地进行疏林、整地、除草，四周挖排水沟，设围栏等工程，购置播种、喷水、修枝、采摘等机械设备。

（3）林果套种

建设中药材与林果套种示范基地，选择西洋参、黄连、柴胡、半夏等适合林果间作套种的中药材品种，套种喜湿耐阴、荫蔽惧晒的草本、灌木类药材，如"成龄果园套半夏""速生林中种柴胡"。

（4）药材加工

初加工。建设道地中药材初加工工厂，通过对道地中药材的洗涤与挑选、修整切制，去皮、壳，蒸、煮、烫、熏、发以及干燥、挑选分等级程序，形成中药材产品。

精深加工。以柴胡、黄芩、牛膝等中药材的精深加工为重点，采用政府推动、科技支撑、加工提升和品牌经营的途径，发展中药饮片、保健品等精深加工，推进中药材产业深度开发。

(三) 山场综合开发特色林果业

1. 大枣产业关键技术体系及产业前瞻布局

(1) 大枣产业前瞻布局

林果业是阜平县的重点特色产业和扶贫开发支柱型产业,其发展布局要向片区集中,形成现代农业集中区。枣树的建设性质为扩建和集中发展,主要分布区域是6个乡镇32个村,重点在阜平县南部。阜平镇的3个村扩建27.5万株,北果园乡的12个村扩建6 154亩,城南庄镇的3个村扩建7 000亩,大台乡1~2个村扩建200亩,台峪乡的4个村扩建923亩,平阳镇的9个村扩建5 000亩。该区域重点扩大大枣种植规模,提高科技含量,提升枣产品加工能力,建设成全国知名的枣业基地。

(2) 大枣产业关键技术体系

大枣初加工工程。建设产地初加工工程8处,加工大枣15万吨/年。干枣的生产工艺过程主要包括:风选除杂、皮带式人工挑选、震动传输布料、气泡喷淋、毛刷高压喷淋清洗、气泡清洗、滚杠风干、烘干、冷风回软、滚杠挑选、皮带挑选、紫外线杀菌、提升包装等流程。主要建设内容包括气调保鲜库、仓库、加工车间等,购置分选机、清洗机、烘干机、冷却回软机、杀菌包装机等设备。

深加工工程。建设大枣深加工工程2处,年产香酥脆枣3 000吨,枣酒3 000吨、枣醋5 000吨、红枣浓缩汁5 000吨、膳食纤维5 000吨。香酥脆枣主要采用低温真空油炸技术,在高真空度、低温状态下油炸而膨化,然后在真空状态下冷却、脱油。主要建设内容包括:清洗车间、香酥脆枣生产车间、枣醋生产车间、枣饮品生产车间、枣酒生产车间、膳食纤维生产车间、包装车间以及仓储库房等。

果品贮藏基地建设。规划总面积300亩，分布于各个乡镇。建立果品初加工基地13处，功能包括果品的初选、分级、包装、保鲜、加工等。核桃、板栗初加工10处，配套烘干房10座，破壳、分选机等设备。建设鲜果贮存保鲜冷库13处，储存量达1万吨以上，保证阜平县林果的统一品牌、统一包装和统一销售，实现果品的就地增值和转化。

2. 晚熟水果关键技术体系及产业前瞻布局

充分发挥阜平县山坝地区的冷凉气候优势，依托当地优越的生态环境与农业资源，发展晚熟水果，打造精品晚熟水果产品供应基地。

苹果重点发展区域在西部山区。沿省道S382和五阜高速两侧，结合天生桥和龙泉关景观带打造优质苹果生产带，建设优质苹果生产基地，主要产品定位为精品苹果。

沿国道G207两侧为桃重点发展区域，建设引种和快速繁育示范小区，建设晚熟桃标准化生产基地，重点发展精品晚熟桃，结合古北岳旅游风景区的旅游观光和采摘活动，实现产值倍增。

3. 核桃产业关键技术体系及产业前瞻布局

核桃集中发展区分布在全县的12个乡镇65个村，集中分布在东部和西北部。阜平镇槐树庄片9村，平阳镇的各老村片8村新建5 000亩，城南庄镇的栗*漕片6村新建3 050亩，天生桥镇的大*厂片2村新建700亩，王林口镇的*沙沟片6村新建1万亩，台峪乡的平*村片4村新建2 308亩，大台乡的柏*村片6村新建1 310亩，夏庄乡的夏*村片5村新建3 846亩，砂窝乡的*窝村片4村新建1 040亩，吴王口乡的桃*坪片8村新建1 630亩，北果园乡的吴*沟片2村新建1 538亩，史家寨乡的槐*村片9村新建1 100亩，龙泉关的八*庄片5村新建1 240亩。该区域重点加大基地项目建设，迅速扩大优质核桃种植规模，打响阜平核桃品牌，建设全省重要的优质核桃产业基地。

4. 板栗发展区

板栗集中发展区分布在全县的 10 个乡镇 31 个村，西南部和北部山区较多。阜平镇柳*底、木*口，城南庄镇谷*庄、*台村、麻*村，天生桥镇的红*河、不*树、北*园*，台峪乡的白*台、吴*庄、王*岸，大台乡的柏*村，史家寨乡的史*寨、槐*村、洼*村、段*村，砂窝乡的盘*台、仙*村、砂*村，吴王口乡的黄*洼、石*地、银*村、*庄旺，夏庄乡的夏*、菜*、二*庄、羊*、面*。该区域适度扩大优质板栗种植规模，建设全省重要的优质板栗产业基地。

5. 杏扁发展区

杏扁集中发展区分布在全县的 8 个乡镇 19 个村。具体在阜平镇的三*会扩建、东*岭片 6 村新建 5 600 亩，城南庄镇的万*庄片 4 村新建 5 600 亩，天生桥镇的红*河新建 250 亩，台峪乡镇的白*台片 3 村新建 350 亩，大台乡镇的柏*村片 3 村新建 400 亩，夏庄乡的羊*新建 100 亩，史家寨乡的草*沟片 6 村新建 1 000 亩，平阳镇的皂*峪片 3 村新建 600 亩。该区域适度扩大优质板杏扁种植规模，建设全省重要的优质杏扁产业基地。

(四) 西部山区特色畜牧业

1. 发展重点与产业前瞻布局

"十三五"期间，阜平县畜牧养殖产业着重发展肉牛、肉羊、生猪、肉驴、水貂、蜜蜂、家禽、水产等，建设性质为新建，规划扶持资金 3.9 亿元，覆盖贫困人口 17.2 万人。

畜禽水产养殖集中发展区主要分布在 13 个乡镇，该区域重点加快建设规模化养殖场，提高畜产品综合生产能力和产业化水平，打造阜平绿色生态养殖品牌，建成太行山区重要的畜禽水产基地（表 26）。

（1）肉牛养殖

发展肉牛产业园区 6 个，分布在平阳镇白*峪、王林口辛*村、城南庄宋*沟、阜平镇龙*村、史家寨乡葛*台、大台乡老*渠。

肉牛养殖场分布在全县的 10 个乡镇（阜平镇、王林口乡、龙泉关镇、城南庄镇、天生桥镇、大台乡、史家寨乡、平阳镇、沙窝乡、台峪乡）的 55 个村。

（2）肉羊养殖

建成肉羊产业园区 4 个，分布在砂窝乡河*村、王林口镇寺*村、平阳镇*快村、城南庄镇岔*村。

养羊场分布在 10 个乡镇（阜平镇、平阳镇、城南庄镇、天生桥镇、王林口镇、台峪乡、大台乡、史家寨乡、砂窝乡、北果园乡）的 52 个村。

（3）生猪养殖

发展生猪产业园区 3 个，分布在城南庄镇、台峪乡、平阳镇。

养猪场分布在 8 个乡镇（阜平镇、龙泉关镇、平阳镇、城南庄镇、天生桥镇、台峪乡、大台乡、史家寨乡）的 31 个村。

（4）肉驴养殖

建设肉驴产业园区 1 个，即砂窝乡上*村片肉驴产业园区，包括上*村、盘*台、黑*台、砂*村、仙*村等村庄。

新建标准化养驴场 35 个，主要分布在大台乡的*台村、东*村、*板峪、砂窝乡上*村、下*村、全*村等村庄，主要养殖品种包括太行驴、渤海驴、关中驴等。同时，为扩大肉驴养殖范围，以园区和标准化养殖场为中心，辐射带动周边村庄小规模养殖，带动村庄包括岔*、麻*、菜*、南*村、庄*、段*等。

（5）水貂养殖

发展水貂产业园区 1 个，分布在王林口镇五*湾和北果园乡草*口。

水貂场分布在 6 个乡镇（平阳镇、城南庄镇、王林口镇、大台乡、史家寨乡、北果园乡）的 21 个村。

（6）蜜蜂养殖

蜜蜂养殖场分布在 9 个乡镇（阜平镇、龙泉关镇、平阳镇、城南庄镇、天生桥镇、大台乡、史家寨乡、砂窝乡、夏庄乡）的 34 个村。

（7）家禽养殖

家禽养殖场分布在 7 个乡镇（阜平镇、平阳镇、城南庄镇、天生桥镇、大台乡、史家寨乡、砂窝乡）27 个村。阜平镇的*道村蛋鸡、牛栏肉鸡扩建、燕头蛋鸡。

（8）水产养殖

建设标准化水产养殖场 15 个，中华鳖种质资源保护区，冷水鱼良种繁育场，品种为中华鳖、红鳟鱼、鲟鱼、四大家鱼、鲫鱼、观赏鱼类等。

水产养殖场分布在 5 个乡镇（城南庄镇、平阳镇、砂窝乡、史家寨、北果园乡）16 个村。

（9）畜产品加工业

建设 1 个大型牛、羊屠宰场，建设地点为王林口乡寺*村。

改扩建牛羊屠宰场 1 处，年屠宰牛羊 20 万只。包括生产设施、辅助建筑和动力设施等。其中生产设施包括畜禽屠宰车间、分割车间、熟食品加工车间、制冷车间、肉冻结间、低温冷藏间、快速冷却间、配送间、冷却排酸间、暂存间、高温间、污水处理车间、皮毛处理车间、血清加工车间、简易的牛羊舍等。辅助建筑包括水泵房、机修间、污水处理站、停车场、办公、检疫检测中心等辅助建筑。动力设施包括配电室、锅炉房、井房、机修间、水处理中心、焚烧间、蓄水池等。

表 26　全县养殖产业布局

养殖	乡镇	村域
肉牛	阜平镇	柳＊底、土＊村、三＊会、龙＊村、楼＊村、木＊口、槐＊庄、黄＊底、＊石村、＊道村、牛＊村、西＊村、海＊村、葛＊头、尚＊头
	王林口乡	辛＊村、＊庄村
	龙泉关镇	印＊石、北＊庄
	天生桥镇	南＊园＊、北＊园＊、不＊树
	沙窝乡	辛＊村
	台峪乡	王＊岸、台＊村、庄＊村
	大台乡	柏＊村、＊连地、＊板峪、＊台村、炭＊铺、老＊渠
	史家寨乡	口＊头、场＊村、段＊村、槐＊村、葛＊台、草＊沟
	平阳镇	白＊村、皂＊峪、铁＊村、山＊头、立＊头、康＊峪、东＊峪
	城南庄镇	＊岸底、栗＊漕、宋＊沟、＊台村、麻＊村
肉羊	阜平镇	柳＊底、葛＊头
	平阳镇	白＊峪、皂＊峪、铁＊村、冯＊口、山＊头、康＊峪、东＊峪
	天生桥镇	北＊园＊、不＊树
	台峪乡	营＊村、庄＊村、井＊沟、平＊村、王＊岸、吴＊庄、台＊村、白＊台
	大台乡	柏＊村、＊台村、坊＊村、＊连地
	史家寨乡	场＊村、北＊庄、葛＊台、＊东漕、草＊沟、董＊村、定＊庄
	砂窝乡	林＊沟、全＊村、上＊村、大＊树
	北果园乡	＊花沟、半＊村、营＊村、草＊口、细＊村、倪＊洼、光＊村
	城南庄镇	三＊村、＊岸底
	王林口镇	＊驹石、前＊村、五＊湾、辛＊村、南＊村
生猪	阜平镇	第＊山
	龙泉关镇	印＊石、黑＊沟
	平阳镇	白＊峪、皂＊峪、台＊村、铁＊村、山＊头、立＊头、康＊峪、黄＊村、东＊峪
	城南庄镇	＊岸底、栗＊漕、马兰、＊台村
	天生桥镇	南＊园＊、罗＊庄、不＊树
	台峪乡	营＊村、庄＊村、井＊沟、平＊村、王＊岸、吴＊庄、台＊村、白＊台
	大台乡	柏＊村、老＊渠、＊连地
	史家寨乡	红＊山为重点、铁＊口、＊东漕

六、西部贫困山区（阜平县）现代农业重点产业发展分析

（续表）

养殖	乡镇	村域
肉驴	大台乡的	＊台村、东＊村、＊板峪
	砂窝乡	上＊村、下＊村、全＊村等
水貂	平阳镇	铁＊村、山＊头、立＊头、黄＊村、东＊峪
	城南庄镇	＊岸底、顾＊沟
	王林口镇	前＊村、五＊湾、东＊＊口、刘＊沟
	大台乡	柏＊村、坊＊村
	史家寨乡	葛＊台
	北果园乡	＊花沟、半＊村、营＊村、草＊口、细＊村、倪＊洼、光＊村
蜜蜂	阜平镇	第＊山、楼＊村、苍＊村
	平阳镇	白＊峪、山＊头、立＊头、东＊峪
	城南庄镇	＊岸底、栗＊漕、福＊峪、麻＊村
	天生桥镇	南＊园＊
	史家寨乡	洼＊村、红＊山、董＊村、北＊庄、口＊头、槐＊村、场＊村
	砂窝乡	全＊村、盘＊台、上＊村、下＊村、大＊树
	夏庄乡	夏＊村、菜＊村、二＊庄、面＊村、羊＊村
	龙泉关镇	平石头村
	大台乡	柏＊村、＊连地、＊台村、＊板峪
家禽	平阳镇	白＊峪、皂＊峪、冯＊口、铁＊村、山＊头、立＊头、东＊峪
	城南庄镇	顾＊沟、麻＊村
	天生桥镇	红＊河、不＊树、北＊园＊、南＊园＊
	大台乡	柏＊村、＊连地、＊台村、炭＊铺
	史家寨乡	红＊山、葛＊台、段＊村、场＊村
	砂窝乡	全＊村、碾＊沟、大＊树
水产	城南庄镇	＊岸底、＊工村、华＊村
	平阳镇	铁＊村、山＊头
	砂窝乡	林＊沟
	史家寨	草＊沟、＊东漕、铁＊口、场＊村
	北果园乡	东＊庄、＊花沟、半＊村、营＊村、光＊村

（五）西部山区创意休闲农业

1. 发展重点与区域布局

汇总村域致富产业规划的旅游项目，在13个乡镇的147个村共规划279个项次。以重点乡镇（沿北流河、沙河的高山旅游风景区—天生桥镇、龙泉关镇、吴王口乡，大茂山风景区—大台乡、台峪乡，王快水库旅游区—北果园乡、平阳镇，红色旅游城南庄镇）和重点村为节点，规划了44处风景旅游区、87处休闲农业园、34处休闲度假村、14处垂钓园，旅游重点村镇全面发展农家乐。

利用偏远山区乡村搬迁的机遇，旧房产改建度假村。特别是风景秀美、山高林深的自然村落。例如不老树村的清水河自然村、大车沟村。旧村基在山坡基岩上，发展度假村是最好的出路。

为了发展旅游产业，配套规划了河流溪谷整治的水利工程和观光道路建设工程。并提出了"坐地经商"招揽天下客的"休闲农业"经营理念，建立旅游服务中心和网络招商体系。

阜平县乡村旅游业有望实现"全景覆盖，全业融合"，构建起乡村旅游的六大体系（定位清晰的国土空间开发体系、环境友好的绿色产业体系、节约集约的资源能源利用体系、安全可靠的生态环保体系、崇尚自然的生态文化体系、科学长效的生态文明制度体系），为农村致富迸发"洪荒之力"。

2. 精品旅游路线布局

按照阜平县"太行明珠、山水绿城、红色圣地"的总体定位，旅游产业扶贫以红色文化为魂、以绿色产品为质、以蓝色环境为体，坚持"红+绿+蓝"三色资源协同开发，充分利用丰富多样、特色突出的旅游资源，整合资源、挖掘文化、完善背景、突出特色、打造名牌，集生态观光、文化体验、农业生产、康体健身为一体，实现一二三产业有机结合，带动贫困户增产增效，实现脱贫致富。

（1）旅游产业布局

阜平县的旅游产业围绕"一心、一环、两带、三基地、多节点"的大格局展开。

一心：县城旅游综合服务中心。

一环：环县城最美旅游景观环。

两带：横向保阜及省道382旅游产业聚集发展带，纵向西阜高速—县道320—国道207旅游产业聚集发展带。

三基地：天生桥旅游服务基地，北古岳旅游服务基地，城南庄旅游服务基地。

多节点：以三个基地为核心的自然与人文旅游资源。

以此为基础，形成旅游产业扶贫的层次状结构。覆盖13个乡镇101个村10.5万人，其中景点集中的9个乡镇，分别为龙泉关镇、天生桥镇、夏庄乡、吴王口乡、大台乡、台峪乡、城南庄镇、平阳镇和阜平镇。

（2）重点建设任务

重点建设红色旅游区和太行民居区。

红色旅游区：重点打造大天生桥生态旅游区、古北岳恒山文化旅游区、城南庄红色旅游区，推进旅游业与其他产业融合，大力发展乡村旅游、森林生态旅游、民俗艺术旅游等新业态，构建富有地方特色的旅游产品体系。

太行民居区：重点打造太行山民居风格，发展农业民俗，美食餐饮，风土物产为特色，假日休闲为主的乡村民宿、休闲庄园、艺术基地、年俗产品，塑造太行山"最美乡愁"的中国梦想之地。

（3）休闲农业产旅游村建设

根据旅游资源分布与景区资源类型，配套设施建设以满足游客的食、住、赏、娱、购、游等五大种类型的旅游服务村。

一是接待服务村。旅游接待服务主要涉及 7 个乡镇：龙泉关镇、夏庄乡、大台乡、台峪乡、砂窝乡、吴王口乡、城南庄镇。重点建设 9 个村：朱*营、夏*村、炭*铺、*台村、白*台、下*村、吴*口、*庄村、河*村。辐射带动建设 6 个村：青*沟、菜*村、面*村、柏*村、羊*村、二*庄村。

建设措施：先建景区，以景区为引擎驱动周边区域发展。通过吸引旅游客流刺激现代服务业、交通、商业、住宿、休闲娱乐、餐饮以及其他配套相关产业发展，为乡村提供更多就业机会，引导村民参与乡村接待、旅游服务、商业活动、旅游商品生产等，创造多元化就业体系。

二是红色旅游结合村。红色旅游主要涉及城南庄镇、史家寨 2 个乡（镇），景区内重点发展村 3 个，为城*庄、马*村、花*村，辐射带动发展史*寨和三*两个村。建设措施：依托红色旅游资源，进行创意化开发，使旅游产业和文化产业融合发展。

三是林果特色产业带动村。特色产业主要包括大枣、核桃和板栗三大特色林果主要集中产区，涉及 8 个乡镇：城南庄镇、平阳镇、北果园乡、台峪乡、夏庄乡、阜平镇、史家寨乡和天生桥镇。对 12 个村进行重点建设，辐射带动发展 18 个村。其中：重点建设 4 个大枣产业村，辐射带动发展 8 个村。重点建设 5 个核桃产业村，辐射带动发展 8 个村。重点建设 3 个板栗产业村，辐射带动发展 2 个村。

建设措施：以大枣、板栗、核桃等阜平优势农产品种植为主，衍生出采摘、枣宴、果林观光、农事体验、农产品加工、核雕、水果主题娱乐、绿色有机超市等高附加值业态。

四是乡村度假休闲村。全县三大类景区 6 处景点，发展旅游产业涉及龙泉关镇、吴王口乡、王林口乡、城南庄镇、平阳镇、砂窝乡、北果园乡、史家寨乡、平阳镇9个乡镇，而度假休闲旅游主要在乡村。配套旅游产业发展，在9个乡镇重点建设一批度假休闲村，辐射带动一批休闲度假村发展。重点建设7个村，辐射带动6个村发展建设。

建设措施：加快推进绿色蔬菜产业上规模、调结构、创品牌、拓市场，着力发展设施施菜、反季节菜、品牌菜和绿色蔬菜的种植面积，提高设施蔬菜和绿色蔬菜的比重。西部深山区重点发展绿色反季菜，东部和南部等地区重点发展设施蔬菜。

五是民俗文化传承村。民俗文化资源丰富，文化传承与发展是阜平县旅游产业发展内容之一，涉及城南庄镇、夏庄乡、台峪乡、吴王口乡、阜平镇、王林口6个乡镇10个行政村。根据民俗文化传承的重要性和紧迫性，分为重点建设村和辐射带动建设村。重点建设5个村，辐射带动发展村5个。

建设措施：以村落为载体，以特色地方风貌或人文底蕴为核心吸引物，主题差异化开发，如黑崖沟书画艺术村、龙泉关古村落等，举办旅游观光、民俗体验、节事活动等丰富多彩的活动形式（表27）。

表27 五大类型旅游服务村涉及区域及建设措施

五类旅游村	涉及乡镇	涉及村域（个）	辐射村域（个）	主要措施
接待服务村	龙泉关镇、夏庄乡、大台乡、台峪乡、砂窝乡、吴王口乡、城南庄镇7个乡镇	9	6	以景区为引擎驱动周边区域发展
红色旅游结合村	城南庄镇、史家寨2个乡镇	3	2	旅游产业和文化产业融合发展
林果特色产业带动村	城南庄镇、平阳镇、北果园乡、台峪乡、夏庄乡、阜平镇、史家寨乡和天生桥镇8个乡镇	4个大枣产业村	8	优势农产品种植为主，衍生出采摘等高附加值业态
		5个核桃产业村	8	
		3个板栗产业村	2	

（续表）

五类旅游村	涉及乡镇	涉及村域（个）	辐射村域（个）	主要措施
乡村度假休闲村	龙泉关镇、吴王口乡、王林口乡、城南庄镇、平阳镇、砂窝乡、北果园乡、史家寨乡、平阳镇9个乡镇	7	6	产业调结构、创品牌，发展设施菜、反季菜、品牌菜和绿色蔬菜种植面积，提高设施蔬菜和绿色蔬菜比重
民俗文化传承村	城南庄镇、夏庄乡、台峪乡、吴王口乡、阜平镇、王林口6个乡镇	5	5	以村落为载体，以特色地方风貌或人文底蕴为核心吸引物，主题差异化开发，举办活动

七、科技引领贫困山区现代农业产业发展的政策保障体系

（一）土地支持政策

1. 支持土地流转

引导和支持农户将土地、资金用来联营、合作，组成家庭农场或股份合作制企业，实行适度规模经营。支持工商企业主通过租赁、承包等形式发展园区经济，重点支持其利用闲置、废弃和已搬迁村落的土地，通过对土地进行整理、改造，发展规模化种植、养殖及建设农产品加工园区。积极探索土地使用权租赁、入股、转包、抵押、联营、转让的条款和章程，规范土地流转操作程序。

2. 倾斜建设用地

加大土地整治力度，节约、集约使用和保护耕地。以城乡建设用地增减挂钩政策为平台，推动土地指标进城和城市资本下乡良性互动，因增减挂钩形成的增值收益全部返还农村，用于支持改善农村生产生活条件。新增建设用地指标要优先满足易地扶贫搬迁和生态移民建房需求，合理安排小城镇、中心村和产业集聚

区建设用地。对于各类农业园区、养殖小区和生态文化旅游区涉及的建设用地实行优先优惠供给。

（二）金融支持政策

鼓励金融机构向中心村、贫困村增加网点布局，积极发展各种形式的抵押、担保贷款，加强对农村中小企业和农民生产的信贷支持。加强金融服务，引导和支持金融机构设立中小企业发展专项贷款或农民创业专项贷款，扩大中长期创业贷款规模。鼓励大银行面向农村信用社和其他小型、微型金融机构提供融资支持。

1. 构建扶贫贷款担保体系

根据各乡镇人口、产业情况合理确定各乡镇担保基金额度。建立县、乡、村三级金融服务网络，县级设立金融服务中心，乡镇设金融工作部，村设金融工作室；以扶贫贷款担保基金作保障，对参加农业保险并有资金需求的农业经营主体提供贷款担保；各农业经营主体申请贷款担保，须经村推荐、乡初审后，由县惠农担保有限公司和合作银行联合审查；对于符合条件的农业经营主体，从村推荐到贷款发放的时间，原则上不超过一个月；允许农业经营主体的保单向惠农担保有限公司进行反担保。

2. 增强贷款贴息扶持

农业经营主体中的农户（单笔贷款5万元以下）按期偿还银行贷款本息后，凭贷款合同、还款结息单等相关手续，向财政部门提出贴息申请，由财政部门按有关规定给予100%贴息，贴息期限不超过两年。

3. 完善诚信体系建设

按照"政府主导、人行推动、多方参与、普农惠农"的原则，采取边采集、边办理的方式建立农业经营主体电子信用档案；将融资性信息与工商、税务、国土、公安、信访等方面的主要社会性信息进行整合，逐步建立简明实用的诚信体系；对农户信用信息认真甄别评价，注重在金融服务中征集信息，开展"信用户、信用企业、信用村、信用乡镇"创评工作；严厉打击恶意骗保、骗贷行为，树立"信用也是财产"的社会共识，建立守信激励和失信惩戒机制，提升社会信用管理水平。将开展"三户联保"模式作为诚信体系建设的重要载体推广应用，由三户及三户以上农户自愿组成联保小组，农户之间互相承担连带担保责任，5万元以下的可由惠农担保有限公司先行担保发放贷款，生产项目完成后必须加入农业保险。

4. 拓宽中小企业融资渠道

积极创造条件，为全县中小企业发展壮大提供金融服务，开辟中小企业直接融资和间接融资绿色通道。积极培育上市后备企业；对阜平县企业在境内、境外正式获准挂牌上市后，一次性给予30万~50万元资金奖励。

5. 优化金融生态环境

在加强金融监管，防范金融风险的基础上，着力强化政府服务职能；建立协助银行清欠机制，及时帮助各银行清收不良贷款，法院设立快速通道，专门审理银行债务纠纷案件，保护银行合法权益，对已有逾期贷款情况认真分析、梳理，因事制宜，分类施策，对恶意逃废债行为予以严厉打击；充分利用创建金融扶贫示范县的政策优势，成立村镇银行和融资性担保机构；加强对金融业务的支持和引导，探索设立扶贫贷款风险补偿基金，研究与合作银行扶贫贷款风险共担机制，调动金融机构放贷积极性；各金融机构积极申报贷款规模和争取利率最大优惠，对农业经营主体提供贷款支持，简化审批手续，缩短办理时限。

（三）农业保险政策

1. 实施农业保险全覆盖

农业保险全覆盖是通过丰富保险产品、创新运行模式、提高政府补贴等方式，实现农业保险在险种上覆盖全县主要种养业品类，在参保面上覆盖绝大多数种养业群众，构建架构合理、品类齐全、运行规范、保障有力的农业保险全覆盖运行体系。

2. 增加农业保险险种

农业保险险种主要包括政策性农业保险（奶牛、能繁母猪、林木、设施农业等品种，保险责任为自然灾害和疫病）、商业性农业保险（大枣、核桃、肉牛、肉羊成本价格损失保险，保险责任为自然灾害、疫病及市场价格波动造成的成本损失；肉鸡商业性保险，保险责任为自然灾害和疫病）、农户平安综合保险（人身意外险、家庭财产险）、农产品质量安全保险（保险责任为因产品质量安全问题造成的损失或给第三方造成伤亡和损失）等险种。根据市场需求，逐步扩大保险品种和覆盖范围。

3. 扩大参保范围

对于参保主体，要求做到县域农户、家庭手工业户、家庭农场、农业专业合作社、扶贫龙头企业、农业产业化龙头企业等农业经营主体均可参保。

4. 保障保费补贴

农业保险的保费真正补贴到位。政策性农业保险由中央、省、县财政承担80%，农业经营主体承担20%；商业性农业保险由财政承担60%，农业经营主体承担40%；农户平安综合保险每户25元（含人身意外险10元和家庭财产险15元）由财政全额承担，人身意外险最高赔付额达每人5万元，家庭财产险最高赔付额达1.15万元。

5. 完善参保模式

农业保险的参保模式是由政府与人保财险公司合作，将纳入全县农业保险覆盖范围的险种实行联办共保模式，双方按5∶5的比例管理保费收入和承担赔付责任，实现优势互补、风险共担。同时设立保险基金，财政一次性注资3 000万元，并将每年的保费结余转入保险基金，扩大保险基金规模，提高农业防灾减损能力。

（四）税收优惠政策

对辐射带动贫困村产业发展和贫困农民增收的龙头企业，以及专业合作社和合作经济组织，实行减免税及税收返还等优惠政策。其贷款，按对贫困户的带动能力，安排一定的财政扶贫专项资金给予贴息支持。针对农业示范园区农业生产特点和农业企业特点，从支持和补贴的角度，给与优惠政策。

（五）人才支持政策

以农业示范园区和扶贫重点项目为平台，对引进的域外专业技术人员给予专项科研经费和生活补助。制定招商引资奖励办法，对吸引域外资金落户阜平的项目，按实际到位资金的多少，对做出贡献的个人和中介机构给予奖励。定期选拔优秀后备干部和大学生村官到贫困乡村任职。对在扶贫开发工作中有突出贡献的各类人员予以重奖。

八、科技引领贫困山区现代农业产业发展的对策建议

（一）科学制定规划，培育发展适地产业

河北省西部贫困山区耕地贫瘠，社会经济状况滞后，发展动力不足。依靠科技引领农业产业发展，增加农业产业效益，实现农民增收，是产业健康发展、保障稳定脱贫、做到持久致富的根本途径。要突出科技引领，规划先行。产业的选择、培育和发展不能随意，不能凭想当然办事，必须组织专家，认真调研，根据气候条件、资源禀赋和当地社会经济发展水平，依据客观经济规律，科学规划农业产业、分主导产业和相关产业。做到规划进田间、进农户，具有先进性、科学性和可操作性，因地制宜精准打造农业产业。

（二）优化产业结构，持续提升科技水平

农业产业转型升级，必须做到一二三产业深度融合。促进以食用菌、道地中药材为代表的主导产业转型升级，要壮大一产、扩张二产、放眼三产。针对发展时间短，种植技术相对偏低等方面的劣势，要立足自身优势，明确发展方向，提

升科技水平，多措并举推动产业发展。壮大一产，就是要按照绿色、节能、环保、循环经济要求大力发展种植业，实现科技智耕、科学精耕，严格生产环节，科学管理。扩张二产，就是要引进新技术、新设备，加速发展产品的物流、仓储、加工、包装。建保鲜库和设立直销窗口，使鲜品畅销各地。放眼三产，就是要依托特色产业的采摘、休闲、观光、旅游、餐饮等增长迅速，提升产品附加值。在借鉴其他地区成熟经验的基础上，制定出台一系列扶持政策，激励产业健康快速发展，延伸产业链条，加速产业融合发展，在提高产品附加值的基础上激发产业活力，实现效益提高。

（三）提升人力素质，增强创新发展力量

贫困山区农村劳动者的科技文化素质是产业发展的关键因素，"授之以鱼，不如授之以渔"。一是与中国农业科学院、河北省农林科学院、中国农业大学、河北农业大学等科研单位及高等院校建立长期的科技合作，取得强大的技术支撑后盾。定期进行现场技术指导、培训，设置引进专家学者专项资金，克服"蜻蜓点水"式科技服务现状，为专家学者扎实开展科技培训、科技服务提供保障。二是对技术人员有计划地安排参观学习，不断提高技术人员的业务水平，建立一支稳定且富有高科技专业技术的人才队伍，全面提高产业工人素质。三是围绕新型职业农民培育工程。运用现代化的科技培训手段，重点围绕适宜河北省西部山区发展的食用菌、蔬菜、中药材、畜牧水产技术等内容，将理论与实际技能操作有机结合，注重实效，结合农时季节，有针对性地开展培训，稳步提高农民自身素质。

（四）整合资源优势，建立科技服务体系

按照"综合设置、分类建设"思路，整合农业、林业、水利、气象等服务资源，以及河北省西部贫困山区县域专业技术力量，利用现有服务设施，本着"民办公助、综合服务、动态运行、方便群众"原则，建立一批设施配套、人员精干、运行规范的"一站式"乡镇农业服务体系。以村集体经济组织、农民合作社等为载体，建设村级服务站点，支撑产业发展在因地制宜、实验有效的基础上，把高科技、高产量、高效益的新品种引进园区，培育推广。

完善政府引导、基地带动、农户参与的联动机制，组建产业专家团队和技术团队，引进技术管理，从产业规划、园区建设、可持续发展等方面开展全方位的合作共建，为产业发展提供全方位、多层次的技术服务。

（五）加强品牌建设，提高产品安全保障

提升农业标准化基地和示范区建设，立足县域实际，以规模化、产业化为发展方向，实现规范化生产、标准化管理、社会化服务、市场化经营、企业化运作、产业化发展的模式，打响以山区特色农业产业为依托的知名农产品品牌，依托互联网电商平台，拓宽销售渠道，发展农产品电子商务，重塑农业供应链，实现品牌化销售，使现代农业产业成为极具竞争力的扶贫主导产业，提高产业化水平和整体效益。深入贯彻落实《中华人民共和国农产品质量安全法》，全面规范农业投入品管理、安全追溯体系建设、质量控制制度，推进农业标准化基地建设。提高和完善农产品、农业投入品的检测能力和技术水平，增加检测项目，提高检测能力，增加抽检频次，从源头上治理，确保农产品质量安全，打出生态、安全的品牌声望。

九、推广与应用

依托"科技引领河北省西部贫困山区现代农业产业发展研究"的相关成果，2018—2019 年，在河北省西部贫困山区阜平、易县、顺平、满城、蔚县、平山、临城、涉县等进行了推广应用，取得了明显的经济效益、社会效益和生态效益。

（一）科学谋定产业发展主攻方向

围绕研究的主要观点和主要结论，借国家和省"燕山—太行山"连片特困区县及河北省环首都扶贫攻坚示范（区）县扶贫政策优势，充分利用西部山区资源禀赋，因地制宜、精准打造扶贫产业，形成各具特色的"优势特色产业区"，依托特色农产品、休闲农业、旅游景区、特色村寨、度假康养等多种模式，提升产业带动能力，增加农村劳动力就业，促进农民脱贫致富。

1. 发展生态文化旅游业

随着太行山高速公路通车，太行山生态文化旅游带已经形成，可以发挥丰富独特的山水生态和西部山区特色文化资源优势，促进旅游业转型升级和发展方式转变，推进与京津及设区市文化旅游协作，建成在国内外具有重大影响力的生态文化旅游区。同时，做强以红色旅游、五谷文化为特色的文化产业，把生态文化旅游与观光农业、品牌农业建设结合起来，促进农业向二三产业延伸。

基于本科研成果借鉴较多的是三个项目。

一是太行山高速生态经济景观带建设工程。该工程石家庄段长度117.8千米，安排造林绿化任务4.24万亩。在太行山高速两侧各500米范围通过人工造林全部绿化彩化，选择以本地乡土树种为主，合理搭配常青、观花、观叶树种，从内到外形成"花、灌、乔、经济林"四层立体生态经济景观带。

二是"旅游+美丽乡村"新业态项目工程。通过旅游业与美丽乡村建设的深度融合，实现由农家乐餐饮、露天采摘等初级阶段向民俗体验、休闲养生、特色旅游小镇等方向拓展，推动美丽乡村建设和贫困群众的脱贫致富。涞水县白涧村开发清凉涧景区，全面提升农民产业发展能力；南峪村成立农宅合作社，发展高端民宿旅游；计鹿村打造星级乡村酒店。易县打造"恋乡"旅游产业特色小镇。涞源县依托白石山景区发展标准化农家乐和乡村游；荆山口村建成商业一条街、中华面食一条街等多项精品工程，让美丽乡村有颜值、显气质。

三是太行大峡谷工程。涉县是国家首批全域旅游示范区创建单位，境内旅游资源丰富，分布广泛。其中百里漳河内含42个景点的"中国太行红河谷"惊艳亮相，其核心区稻田大地景观画廊堪称一绝；涉县还将打造"太行梯田大峡谷"和"太行红叶大峡谷"。该工程的落地为城镇居民赏花、避暑、观景、休闲提供了旅游胜地；为当地农民增收致富提供了保障；为保护山区植被、涵养生态、可持续发展奠定了科技基础。

2. 做强特色种养业

依托西部山区自然气候特点优势，发展特色种养和林果产业，提升食用菌、大枣、肉牛、肉羊、蛋鸡等传统优势产业的档次，创新发展杂粮、蔬菜、果品、蜂蜜、肉禽、苗木等产业，延伸产业链，形成拳头产品。实施适度规模开发，形成区域化发展，实现规模带动效益。如井陉县主打品牌花椒、特色林果及小杂粮、道地中药材"三张牌"，使特色产业独具特色，形成品牌。灵寿县"太行龙井"茶叶飘香，在南营乡已形成以"公司+农户+合作社+基地"的运作方式和产、供、销一条龙的经营方式。不仅打造了太行山区绿色生态品牌，更带动当地村民脱贫致富，助力乡村振兴。

3. 建设现代特色农业示范区

发挥自然气候特色及生态环境良好的优势，按照"园区化布局、优质化方向、系统化建设、设施化条件、产业化路子、标准化生产、生态化模式"和"扩展规模、提升水平、创新机制、健全体系"的思路，在西部山区大力推进现代特色农业示范区建设，每个县都有独具一格的特色农业示范区。形成生态农业、高效农业、品牌农业和观光农业融合发展的新格局。

4. 创新模式带动农民增收

在产业经营中，重点解决贫困户如何取得产业扶贫收益，让更多农户以合适的方式参与到产业经营中来，共享发展收益。以农户为本，以农民增收为先，根据产业资源分布、产业发展模式和产业经济现状，探索产业扶贫的针对性模式。采取多种形式让农民以房屋、宅基地、土地承包使用权、资金、技术等投入产业扶贫开发，因地制宜采取"政府+产业协会+农户""景区+农户""景区+协会+农户""承包土地入股"等多种方式，带动贫困户从事产业经营、劳动用工和发展特色商品加工等，逐步形成多样化的产业扶贫新模式、新途径，让更多贫困农户受益。

5. 生态优先保护绿水青山

发展山区特色产业基于生态条件，涵养生态环境，保护生态资源。产业扶贫离不开对农村自然资源、田园土地的利用和开发，这些都是农村和农民赖以生存、发展的基本资源。在发展产业中，着重自然科学规划，珍视大自然和上一辈留下来的绿水青山宝贵财富，按照保护第一、开发第二的原则，确保整个乡村的自然资源免受破坏。保护村庄的自然生态资源，保持乡村原有的田园风光，让各类资源在产业扶贫开发中实现良性、有机的循环，实现持续发展。

（二）科技引领产业转型升级

1. 加快主导产业转型升级

河北省太行山区独特的自然条件孕育并衍生了富有魅力和前景的农业产业，以食用菌、道地中药材为代表的产业在特定的环境下，加速快转型升级，产生了一定的影响和更高的效益。

（1）科学规划，顺势转型

以规划为引领，促进主导产业转型升级，政策扶持支撑，多措并举推动产业发展。

如对阜平县的产业规划，有力地促进了产业顺利转型。编制阜平县主导产业系列规划，明确定到2020年年底，全县优质食用菌生产基地面积达到3.2万亩，中药材产业形成蓬勃之势，基本形成"一核、四带、百园覆盖"区域布局，建成"会、组、企、社"相辅相承的服务体系。

阜平县在借鉴其他地区成熟经验的基础上，加快推进以食用菌、道地中药材为代表的主导产业发展，制定出台一系列扶持政策，激励产业健康快速发展。如达到一定规模的企业、合作社入驻，给予配备相应的水、电、路基础设施配套；给予大型企业一定金额的资金补贴等。同时聘请省内外知名专家，做好产业发展的规划指导工作。每个园区要聘请1~2名有丰富经验的技术员，开展全方位、多层次的技术培训。从产品源头抓起，严把质量关，打造知名自有品牌，结合网络、报纸、传媒，创新形式，扩大宣传，提高品牌的知名度。

（2）立足优势，绿色发展

立足自身优势，明确发展方向，打造绿色安全的产品生产基地。

发展以食用菌、道地中药材等为代表的主导产业转型升级，重点突出了以下优势。

管理优势。以周年、优质、高效、生态为目标，形成"六位一体（指政府+金融+科技+企业+基地+农户）、六统一分（指统一建棚、统一品种、统一制袋、统一技术、统一品牌、统一销售，分户栽培管理）"的运营模式，降低了生产成本和市场风险，大大减轻了农民负担。

种植优势。以户为单元精细管理，配套一流栽培设施，有效地提升了优质产品产出率，实现了农民效益最大化。

环境优势。西部山区生态环境优良，原料资源丰富，昼夜温差大，适宜优质产品的培育生产。

（3）延伸链条，融合发展

促进主导产业转型升级，延伸产业链条，加速产业融合，在提高产品附加值的基础上激发产业活力。

壮大一产。大力发展种植业，按照绿色、节能、环保、循环经济要求，严格生产环节，科学管理。生产环节的高质量、科学化、标准化管理奠定了产品的优质基础。

提升二产。加速发展产品的物流、仓储、加工、包装。建保鲜库，使保鲜储存能力达千余吨，在上海、深圳等一线城市设立直销窗口，与京东商城、北国超市等销售商建立了购销售关系，鲜品畅销各地。太行山产出的农产品以质优、价格适宜的优势，较大比例地占领了京津与省会市场。

发展三产。依托特色产业的采摘、休闲、观光、旅游、餐饮等增长迅速，提升产品附加值。太行山的生态价值支撑了其经济价值的实现，西部山区绿水青山在农业新业态的不断发展中一步步变成金山银山。

阜平县委、县政府经过研究和综合分析论证，把食用菌产业作为强县富民的主导产业来培育。目前，产业不断发展壮大。

阜平县现代食用菌产业园是省级现代农业园区，共有 7 个分园、500 个大棚，覆盖带动 1 万余贫困户年均增收万元以上，其中，核心区由嘉鑫种植公司负责管理，占地 700 余亩，建有年产 3 000 万个香菇菌棒的国内领先无菌制棒车间。该车间年生产菌棒 1 200 万个，除供应园区生产用棒外，还保障供给骆驼湾、顾家台等分园区的种植大棚。此外，还建成规模化园区 60 个、棚室 5 000 余栋，占地 2 万亩，产业覆盖 13 个乡镇 140 个行政村，辐射带动农户 2 万余户，其中贫困户 7 000 余户。2018—2019 年，全县共栽培 1 亿余棒，产量 5 万余吨，产值超 5 亿元，参与农户户均增收万元以上。

阜平"老香菇"品牌叫响全国。"老香菇"及系列产品荣获"河北省十佳知名品牌"和金、银、铜奖，产业发展受到了国家和省市各级领导的支持与肯定。

2. 围绕山场综合开发培育新产业

西部山区人多地少，发展产业离不开土地。围绕山场综合开发，培育壮大特色林果业、特色畜牧业。林果、畜牧水产业是西部山区的传统产业和优势产业，是近期产业扶贫的重要内容，坚持市场导向，多措并举、扎实工作，林果、畜牧水产业取得了显著成绩。但西部山区资源条件、产业现状、市场空间，产业覆盖面等方面也存在一定不足，根据课题的研究成果，2018—2019 年，解决好了以下三方面问题。

（1）打通产品市场，解决销路问题

近年来，受新疆大枣的冲击，河北省大枣价格连年走低，2018 年干枣平均收购价低至 6 元/千克，沉重打击了果农的积极性。通过调结构，发展苹果、桃、梨、葡萄等产业，尤其是鲜食葡萄，效益明显提升，目前部分果园已进入盛果期，为解决果品货架期短的问题，除了组织部分加工项目外，重点打通这些优质产品与京东商城、北国超市等销售商的购销渠道，使得产品顺利供应市场，产生了良好的经济效益。

（2）促进产品升级，强化质量意识

河北省西部山区果品加工企业主要是枣产品加工企业，其他果品如桃、苹果等尚无大的加工企业，据此情况，一些山区县根据课题组建议，引进了现代化果品加工项目和畜产品加工项目，增加了林果和畜产品的附加值，带动果农增收。同时强化质量意识，加强责任落实。一是深入调研，制定了质量安全监督工作实施方案，落实企业与个人主体责任和监管部门监管责任；二是开展风险评估预警。强化质量安全监测，规范生产档案，建立农产品可追溯制度；三是查找消除安全隐患，狠抓了林果种苗、兽药、肥料、饲料等投入品监管、整治，加强了重点阶段专项检查，确保产品安全供给；四是大力发展"三品一标"认证，强化企业诚信建设，建立起企业生产质量安全承诺制度，确保舌尖上的安全。

（3）推进品牌建设，增强致富带动能力

目前河北省西部山区农产品品牌知名度普遍不高，近两年，致力于打造山区县当地农产品知名品牌，提升果品和畜产品价格，带动农民增收。已培育形成了20余家龙头企业牵头的农产品营销体系，近10个特色品牌，使自有产品的知名度进一步提升，将产品与市场逐步一对一结合，带动了区域特色经济发展。

3. 三产融合发展创意休闲农业

（1）挖掘当地创意休闲农业的文化历史内涵

通过对当地民情民俗、风俗习惯的挖掘和研究，理顺了观光采摘园特色与地方历史文化的关系。在生态农业观光采摘园中，大力挖掘各层面的民俗文化内容，在开发中保护，在保护中开发，依托农业的绿色生态旅游和纯朴的特质，发展农业休闲观光旅游。

从发展理念上,更加清醒地认识到休闲旅游活动对生态观光采摘园区环境的影响,加强农业文化历史资源的发掘、整理和展出的策划,增加展出手段的科技含量,运用现代科技手段,融入观众动手、动脑的参与活动,运用市场经济和政治思想相结合的手段,最大限度地调动生态了观光采摘园区管理人员、研究人员和服务人员的积极性,创造出了优美、舒适、卫生、方便的群体聚居环境。

(2)强化服务,增加行为互助关系

农业观光采摘园的环境设施是生态农业观光采摘园特色重要的组成部分,是最能体现环境的质量与艺术魅力的要素,是环境中最具有表现力的事物。

在采摘园特色与环境设施的关系上,在农业观光园采摘园环境设施中,更加注意了环境设施与人的行为的相互关系,既满足了游客各种行为对环境设施的需要,又使环境设施诱导游客行为的产生,让游客参与环境设施的各种娱乐、体验、观赏活动。

(三)取得的显著实效

1. 通过优化产业结构科技水平明显提升

促进了以食用菌、道地中药材为代表的主导产业转型升级,初步实现了"壮大一产、提升二产、发展三产"。对于发展时间短,种植技术相对落后的现状,通过发挥自身优势,明确发展方向,提升科技水平,多措并举推动了产业发展。按照绿色、节能、环保、循环经济要求大力发展种植业,严格生产环节,科学管理。同时加速发展产品的物流、仓储、加工、包装。通过建保鲜库和设立直销窗口,使鲜活农为品畅销京津和省会。依托特色产业的采摘、休闲、观光、旅游、餐饮等增长迅速,提升产品附加值。制定出台了一系列扶持政策,激励产业健康快速发展,延伸了产业链条,加速了产业融合,提高了产品附加值,激发了产业活力。

2. 通过人才培养科技力量显著增强

与中国农业科学院、中国农业大学、河北农业大学、河北省农林科学院等科研单位及大专院校建立了长期的科技合作关系，专家定期到现场进行技术指导和培训，形成了强大的技术支撑体系。对山区特色农产品产区的技术人员有计划地安排到外地参观学习，大大提高了他们的业务水平，建立了一支稳定的具有一定专业技术水平的基层人才队伍。结合新型职业农民培育工程，运用现代化的科技培训手段，重点围绕适宜河北省西部山区发展的食用菌、蔬菜、中药材、畜牧水产技术等内容，将理论与实际技能操作有机结合起来，注重实效，结合农时季节，有针对性地开展培训，稳步提高了种植养殖户的文化水平和技术素质。

3. 通过资源整合科技服务体系更加完善

按照"综合设置、分类建设"思路，整合了山区农业、林业、水利、气象等服务资源，以及河北省西部贫困山区县域专业技术力量，利用现有服务设施，建设了一批设施配套、人员精干、运行规范的"一站式"乡镇农业服务体系。按着"民办公助、综合服务、动态运行、方便群众"的原则，以村集体经济组织、农民合作社为载体，建设村级服务站点，支撑产业发展。在因地制宜、实验有效的基础上，把高科技、高产量、高效益的新品种引进园区，引入基层，培育推广。

完善政府引导、基地带动、农户参与的联动机制，组建了产业专家团队和技术团队，引进技术管理，从产业规划、园区建设、可持续发展等方面开展全方位的合作共建，为产业发展提供了全方位、多层次的技术服务。

4. 通过品牌建设产业科技成效突显

立足西部山区县域实际,以规模化、产业化为发展方向,实现了规范化生产、标准化管理、社会化服务、市场化经营、企业化运作、产业化发展的模式,打造打响西部山区县知名农产品品牌,依托互联网电商平台,重塑农业供应链,使现代农业产业成为了极具竞争力的扶贫主导产业,提高了产业化水平和整体效益。深入贯彻落实《中华人民共和国农产品质量安全法》,全面规范农业投入品管理、安全追溯体系建设、质量控制制度,推进了农业标准化基地和示范区建设。提高和完善了农产品、农业投入品的检测能力和技术水平,通过增加检测项目,提高检测能力,增加抽检频次,从源头上进行治理,确保了山区特色农产品质量安全,打出生态、安全、高质量的品牌。

5. 通过科技惠民农民收益大幅提高

综合应用现代农业技术,大力发展高效特色农业,打造西部山区农产品知名品牌,提升农产品价格,带动农民增收。通过发展农业观光采摘、农家乐餐饮、民宿等新业态,山区农民利用家门口的资源就地发展产业,实现脱贫致富。高质量建设现代农业园区,农民通过土地流转、土地入股、就地打工等形式,实现"一地生五金"。多方面、多角度实现农民收入的大幅度提升。

十、附录 我国扶贫领域的四次变革及贫困识别方向

自改革开放以来,我国不断朝着减少贫困人口,实现共同富裕的目标前进。从减贫理念、扶贫方式、贫困识别上不断地调整,带来的是贫困人口不断减少、贫困发生率不断降低的巨大的减贫成果,特别是随着2013年习近平总书记首次提出的"精准扶贫"的战略思想,提出了扶贫干预全过程精准,解决"扶持谁、谁来扶、怎么扶、如何退"等问题。同年在中央扶贫开发工作会议上,习总书记再一次强调"要坚持精准扶贫,精准脱贫。要解决好'扶持谁'的问题,确保把真正的贫困人口弄清楚,把贫困人口、贫困程度、致贫原因等搞清楚"。准确识别致贫因素,做到对村域致贫因素的整体把握,为靶向脱贫奠定基础。

(一) 1978—1985年救济式扶贫

第一个阶段1978—1985年,以完全输血式的救济扶贫为主。采用赋予生产自主权,解放农村劳动力向非农领域就业;放宽农产品价格,调整产业结构,发展乡镇企业等一系列惠民政策,瞄准"老、少、边、穷"等贫困地带作为工作的重点区域,此阶段贫困人口减少到1.25亿人,贫困发生率下降到14.8%左右。1978年中共十一届三中全会审议通过的《中共中央关于加快农业发展若干

问题的决议(草案)》中,第一次明确提出我国的贫困问题。在 1984 年,中共中央国务院发布了《关于帮助贫困地区尽快改变面貌的通知》,提出帮助"老、少、边、穷"地区改变贫困面貌。国家采取了一系列措施,如支持并给予"老、少、边、穷"地区发展资金;"三西"专项计划;18 个贫困地带重点扶持等,把工作重心调整到经济建设上来,在贫困形态上,此阶段是贫困面积最大、贫困人口最多、贫困程度最深的普遍式贫困,因此此阶段的国家贫困识别方式为区片式的经济衡量为主。

(二) 1986—2000 年开发式扶贫

第二个阶段 1986—2000 年,以开发式扶贫为主。采用增加扶贫投入,组织劳务输入,改善基础设施,对口帮扶,定点扶贫等政策,以老革命根据地、少数民族地区的 592 个国定贫困县为主要扶贫对象进行县级瞄准,此阶段贫困人口减少到 3 000 万人,贫困发生率下降到 30%左右。

20 世纪 90 年代中期以来,我国实施了《国家八七扶贫攻坚计划(1994—2000 年)》,到 2000 年底,中国农村绝对贫困人口下降到 3 209 万人,贫困发生率下降到 3.4%。该阶段调整了贫困识别的方向,由原来的只注重经济水平到针对贫困人口的生活质量,这是一次质的飞越。从贫困识别机制上看,以县级瞄准的方法,将资金、政策等资源集中解决国定贫困线的贫困问题,这种扶贫方式在扶贫初期解决了大面积的贫困,同时降低了扶贫的管理成本,但是这些国定贫困线并未覆盖我国所有贫困人口,据统计我国还有超过 40%的贫困人口未生活在国定贫困线中,那么这部分贫困人口势必很难获得扶贫红利,享受不到扶贫政策所带来的相关政策。

（三） 2001—2010 年参与式扶贫

第三个阶段 2001—2010 年，以参与式扶贫开发方式为主。以"整村推进"的点状式扶贫为主要扶贫方式，以 14.81 万个扶贫村为目标，强调以村为单位调动群众的参与性，自下而上的综合性开发，此阶段实现贫困人口减少到 2 688 万人，贫困发生率下降到 2.8% 左右。

2011 年，党中央颁布实施《中国农村扶贫开发纲要（2011—2020）》，要求到 2020 年，实现全面建设小康社会，全部贫困人口实现脱贫。做到稳定实现贫困的对象不愁吃不愁穿，保障其义务教育、基本医疗和住房（两不愁三保障）。进入 21 世纪以后，我国贫困人口的数量和比例大幅度下降，从空间上看贫困人口的分布从片状转为了点状，更趋于分散化和点状化，如果仍坚持使用县级标准，则势必造成扶贫资源的浪费和目标点的偏移。因此，则由原来分散的贫困识别慢慢聚焦于全国 83% 的绝对贫困人口和 65% 的低收入人口。

（四） 2011 年至今精准式扶贫

第四个阶段，2011 年至今，以片区攻坚扶贫、精准扶贫，针对性扶贫为主要扶贫方式，动态管理为政策，注重瞄准着力，扶贫对象识别，以全国 14 个集中连片特困区为目标的精准扶贫，实现贫困人口减少到 3 046 万，贫困发生率下降到 3.1% 左右。

2015 年 11 月底，中央扶贫开发工作会议召开，习近平总书记系统阐述了精准扶贫方略，会后，颁布《中共中央国务院关于打赢脱贫攻坚战的决定》。2016 年，国务院印发《"十三五"脱贫攻坚规划》，提出坚持精准扶贫、精准脱贫方略，大力推荐实施一批脱贫攻坚工程。"精准扶贫"概念的提出，标志着我国在扶贫方式上发生了根本性的变化,由粗放的漫灌到精准的滴灌,对于"扶持谁"的问题,要求实现"扶持对象精准"。实现扶贫对象精准化,就是要做到两区分:区分贫困户与非贫困户,区分贫困地区与非地区。困难的是区分出非贫困地区的贫困户,区分贫困地区的一般农户。只有准确识别贫困人口,才能精准施策,将目标群体纳入到受益群体之内,将非目标群体排除受益群体之外,提高识别效率,降低偏差率和漏出率,而这在实际的扶贫识别工作中仍是一个难题。

参考文献

陈厚基,1994.持续农业和农村发展—SARD 的理论与实践［M］.北京：中国农业科技出版社.

陈全功,2018.农村集体经济发展壮大的条件析论［J］.经济导刊（11）：59-64.

程晖,陈勋洪,赵隽劼,2018.乡村振兴战略背景下现代农业转型升级新路径［J］.农林经济管理学报（2）：227-234.

管倩,2013.智慧旅游提升旅游体验途径研究［D］.北京：北京林业大学,37-44.

河北省人民政府,2017.河北经济年鉴 2017［M］.北京：中国统计出版社.

河北省人民政府办公厅,河北省统计局,2017.河北农村统计年鉴 2017［M］.北京：中国统计出版社.

黄修杰,何淑群,黄丽芸,等,2010.国内外现代农业园区发展现状及其研究综述［J］.广东农业科学（7）：289-293.

康胜利,2018.阜平不脱贫,我们不撤岗［J］.中国扶贫（1）：41-42.

孔庆书,李洪英,师伟力,2013.基于 DEA 的河北省休闲农业评价研究——以河北省休闲农业与乡村旅游示范点为例［J］.中国生态农业学报,21（4）：511-518.

孔祥智, 2018. 实现产业兴旺须强化政策支撑 [J]. 农村经营管理 (8): 1.

雷文艳, 吕玲丽, 邢成举, 2018. 精准扶贫背景下产业扶贫的困境及其超越 [J]. 云南行政学院学报 (3): 10-15.

李静, 2015. 农业产业集群的形成机制及社会效应研究 [D]. 杭州: 浙江大学, 147-151.

李延, 旷爱萍, 2018. 乡村振兴战略下对贫困村产业发展的思考 [J]. 农村经济与科技, 29 (13): 136-139.

李颖琦, 李茜, 2015. 强化现代农业产业园区建设发展研究评述 [J]. 农业与技术 (7): 184-186.

梁斌, 2018. 乡村振兴战略下扶贫脱贫工作的意义 [J]. 浙江工商职业技术学院学报, 17 (3): 17-20.

刘淼, 2017. 浅谈阜平县林果产业发展现状及未来展望 [J]. 低碳世界 (35): 357-358.

卢凤君, 刘晴, 卢凤林, 2018. 乡村振兴战略背景下产业融合的路径与实践 [J]. 中国工程咨询 (5): 26-29.

欧阳秋飞, 2018. 百色市少数民族山区贫困成因及对策分析 [J]. 安徽农学通报, 24 (22): 18-20.

仇忠启, 2013. 现代农业园区可持续发展的生态安全评价——以上实东滩现代农业科技园为例 [D]. 南京: 南京农业大学, 1-3.

申秀清, 2014. 中国农业科技园区创新机制研究 [D]. 呼和浩特: 内蒙古农业大学, 31-35.

石磊, 侯刚, 2018. 乡村振兴背景下贫困村优化脱贫供需关系研究 [J]. 中共桂林市委党校学报 (2): 55-58.

陶怀颖, 2018. 创新实施乡村振兴战略的几点思考 [J]. 吉林农业 (3): 11-12.

王凤雪，2014. 现代农业园区规划前后景观格局研究［D］. 南京：南京农业大学，9-21.

吴锦城，2016. 佳洲岛现代农业产业园区建设与发展探究［J］. 湖州职业技术学院学报（4）：62-67.

袁小桥，2014. 现代巧业产业园规划理论与实践［D］. 南京：南京农业大学.

曾福生，蔡保忠，2018. 以产业兴旺促湖南乡村振兴战略的实现［J］. 农业现代化研究（2）：179-184.

张柳青，2018. 张梦茹互联网条件下的农产业振兴［J］. 产业经济（8）：156-159.

张育松，金满文，常忠志，2018. 精准扶贫战略下的农业高职院校优势与发展路径研究［J］. 农业经济（4）：112-114.

赵志刚，王凯荣，谢小立，2012. 江西省农业可持续发展的生态安全评价［J］. 生态与农村环境学报（3）：225-230.

赵子婵，田苗，赵瑾，等，2017. 保定市阜平县的特色产业扶贫研究［J］. 纳税（4）：108-109.

周立，李彦岩，王彩虹，等，2018. 乡村振兴战略中的产业融合和六次产业发展［J］. 新疆师范大学学报（3）：17-23.

周敏健，张宇，邓荟，等，2017. 互联网金融背景下保定市现代农业O2O模式研究——以阜平大枣为例［J］. 农村经济与科技，28（6）：157-158.